Dilip Joseph

Geisel der Taliban

Meine Gefangenschaft, meine Rettung

DILIP JOSEPH

GEISEL DER TALIBAN

MEINE GEFANGENSCHAFT, MEINE RETTUNG

Aus dem amerikanischen Englisch
von Carmen Matussek

SCM
Hänssler

SCM

Stiftung Christliche Medien

Der SCM-Verlag ist eine Gesellschaft der Stiftung Christliche Medien, einer gemeinnützigen Stiftung, die sich für die Förderung und Verbreitung christlicher Bücher, Zeitschriften, Filme und Musik einsetzt.

MIX
Papier aus verantwortungsvollen Quellen
FSC® C006701
FSC www.fsc.org

SCM-Verlag GmbH & Co. KG · Max-Eyth-Straße 41 · 71088 Holzgerlingen
Internet: www.scmedien.de; E-Mail: info@scm-verlag.de

Originally published in English under the title: *Kidnapped by the Taliban*

Published in Nashville, Tennessee, by W Publishing Group,
an imprint of Thomas Nelson.
Published by arrangement with Thomas Nelson,
a division of HarperCollins Christian Publishing, Inc.

Die Bibelverse sind, wenn nicht anders angegeben, folgender Ausgabe entnommen:
Neues Leben. Die Bibel, © der deutschen Ausgabe 2002 und 2006
SCM-Verlag GmbH & Co. KG, Witten.

Übersetzung: Carmen Matussek
Umschlaggestaltung: Kathrin Spiegelberg, Weil im Schönbuch
Innenteilbilder: © Dilip Joseph, Morning Star Developement und James Lund
Satz: Satz & Medien Wieser, Stolberg
Druck und Bindung: CPI books GmbH, Leck
Gedruckt in Deutschland
ISBN 978-3-7751-5631-8
Bestell-Nr. 395.631

STIMMEN ZU *GEISEL DER TALIBAN*

»Dr. Dilip Joseph ist ein Arzt und Menschenfreund, und er ist auch mein Freund. Er hat Unvorstellbares durchgemacht, als er in Afghanistan mit vorgehaltener Waffe entführt wurde. Dieses Buch fesselt von der ersten bis zur letzten Seite. Eines hat mich besonders überrascht und in mir nachgewirkt: Dilip hat mich viel über das Denken der Talibanterroristen gelehrt, was auch für den Leser aufschlussreich sein dürfte. Sie werden alles überdenken, was Sie als gesichert annahmen.«

Dr. med. Walt Larimore
Bestsellerautor (*The Gabon Virus* und *The Influenza Bomb*)

»Dr. Joseph ist ein Freund, ein Kollege und ein Mensch, mit dem ich die Leidenschaft teile, den Hilfsbedürftigen zu helfen, insbesondere in Afghanistan. Weil ich eng mit ihm zusammengearbeitet hatte, war ich sehr um sein Wohl und sein Leben besorgt, als ich von seiner Entführung durch die Taliban erfuhr. Umso größer war die Erleichterung bei seiner Befreiung. Sein bewegender Erfahrungsbericht ist nicht nur spannend, sondern sorgt auch für Aha-Erlebnisse. Er beschreibt, wie er lernt, seine Entführer als Menschen zu sehen, und von seinem großen Dank gegenüber seinen Befreiern sowie seinem tiefen Kummer um alle, die bei diesem tragischen Ereignis ihr Leben verloren. Die Geschichte hat mich von Anfang an gefesselt und ich konnte das Buch nicht mehr aus der Hand legen.«

Dr. med. Mitch Duininck
Direktor von *Hope Partnerships International*

»Es war mir eine Freude, Dr. Joseph in Afghanistan zu begegnen. Seine heldenhafte Entschlossenheit, anderen an einem gefährlichen Ort zu dienen, beeindruckte mich. Als ich erfuhr, dass Dilip in der Hand krimineller Banden war, rechnete ich mit dem Schlimmsten, zumal ich schon einige Tragödien in diesem finsteren Teil der Erde mitbekommen hatte. In diesem Buch erzählt er seine leidvolle Geschichte.

Dilip schreibt bemerkenswert gut. Am meisten bedeutete es mir jedoch, wie er den Männern in Uniform, die ihn gerettet haben, in bewegender Weise seinen Dank aussprach. Dr. Joseph und seine Freunde erhielten die einmalige Chance, nach diesen schrecklichen Ereignissen neu geboren zu werden. Dieses Buch bietet auch dem Leser eine ähnliche Chance auf Rettung an, weil es uns den unbeschreiblichen Wert unserer persönlichen Freiheit vor Augen führt.

Dilip hat hautnah erlebt, welcher Preis für die Freiheit gezahlt werden muss. Wir alle können durch das, was er darüber zu sagen hat, bessere Menschen werden.«

Tim Kirk
Oberst der US-Luftwaffe

»Dr. Dilip Josephs lebendiger, authentischer Bericht bietet einen seltenen Einblick in die körperliche, psychische und geistige Erfahrung einer Taliban-Geisel. Die Todesangst vor den Kalaschnikows der Entführer war ebenso wenig zu verleugnen wie die seltsame Vertrautheit zwischen Geiseln und Geiselnehmern bei Mahlzeiten, frischem *Nan* und Grüntee – menschliche Beziehungen, die auch unter den feindseligsten Bedingungen möglich waren.

Dr. Dilips unerschütterlicher Glaube an Gott sowie der Mut und das Durchhaltevermögen seiner geschätzten Teamkollegen und Mitgefangenen, Dr. Rafiq und Farzad, ziehen sich durch das ganze Buch. Ihre ungebrochene Hingabe an die Menschen in den Dörfern Afghanistans, die zu den ärmsten der Welt gehören, ist ein bewegendes Zeugnis.

Schließlich ermahnt uns das Opfer, welches das SEAL-Rettungsteam gebracht hat, den unermesslichen Wert der Freiheit zu erkennen und jeden Moment im Leben wertzuschätzen.«

Farzana Marie
Direktorin von *Civil Vision International*

»Diese bemerkenswerte Reise eines Mannes durch Terror, Entführung und Lebensbedrohung erstaunt, inspiriert und versetzt in ehrfürchtiges Staunen. *Geisel der Taliban* ist eine wunderbare Geschichte darüber, wie Gott in einer Welt des Hasses seine Liebe erweist und auf dem schrecklichsten Weg Gnade und Kraft gibt. Es ist die Geschichte von Gottes treuer Fürsorge für Dilip Joseph, einen Arzt, der mit leidenschaftlicher Hingabe buchstäblich sein Leben für Menschen riskiert hat, die Gottes Liebe dringend brauchen.«

Wayne Pederson
Direktor von *Reach Beyond*

»Ich konnte das Buch nicht aus der Hand legen. Dr. Josephs Leidenschaft und seine Entschlossenheit, sich von Gott überallhin führen zu lassen, selbst, als ihn dieser Weg weg von seiner Familie und in ein Kriegsgebiet in Afghanistan brachte, offenbaren das Herz eines Menschenfreundes. *Geisel der Taliban* würdigt auch die mutigen Opfer, die Männer und Frauen der US-Streitkräfte, die in Afghanistan dienen, täglich bringen.«

Christopher Braman
Hauptfeldwebel der *US Army Rangers* a. D., ausgezeichnet mit dem *Purple Heart* und der *Soldier's Medal*

Meiner Mutter, Rosamma »Jolly« Joseph

Zu deinen Lebzeiten warst du mein Anker. Selbst jetzt, nach deinem Tod, spornt mich dein Andenken an, Gott und anderen zu dienen, so gut ich es vermag. Danke, dass du ein Vorbild selbstlosen Opfers an Zeit, Kraft und Besitz warst; nicht nur für unsere Familie, sondern für viele weltweit. Ich hoffe, dass die Menschen, die dich gut kannten, durch die folgenden Seiten an dich erinnert werden.

INHALT

USBEKIST
TURKMENISTAN
Mazar-e Schari
Herat
AFGHANISTAN
Kandahar
IRAN

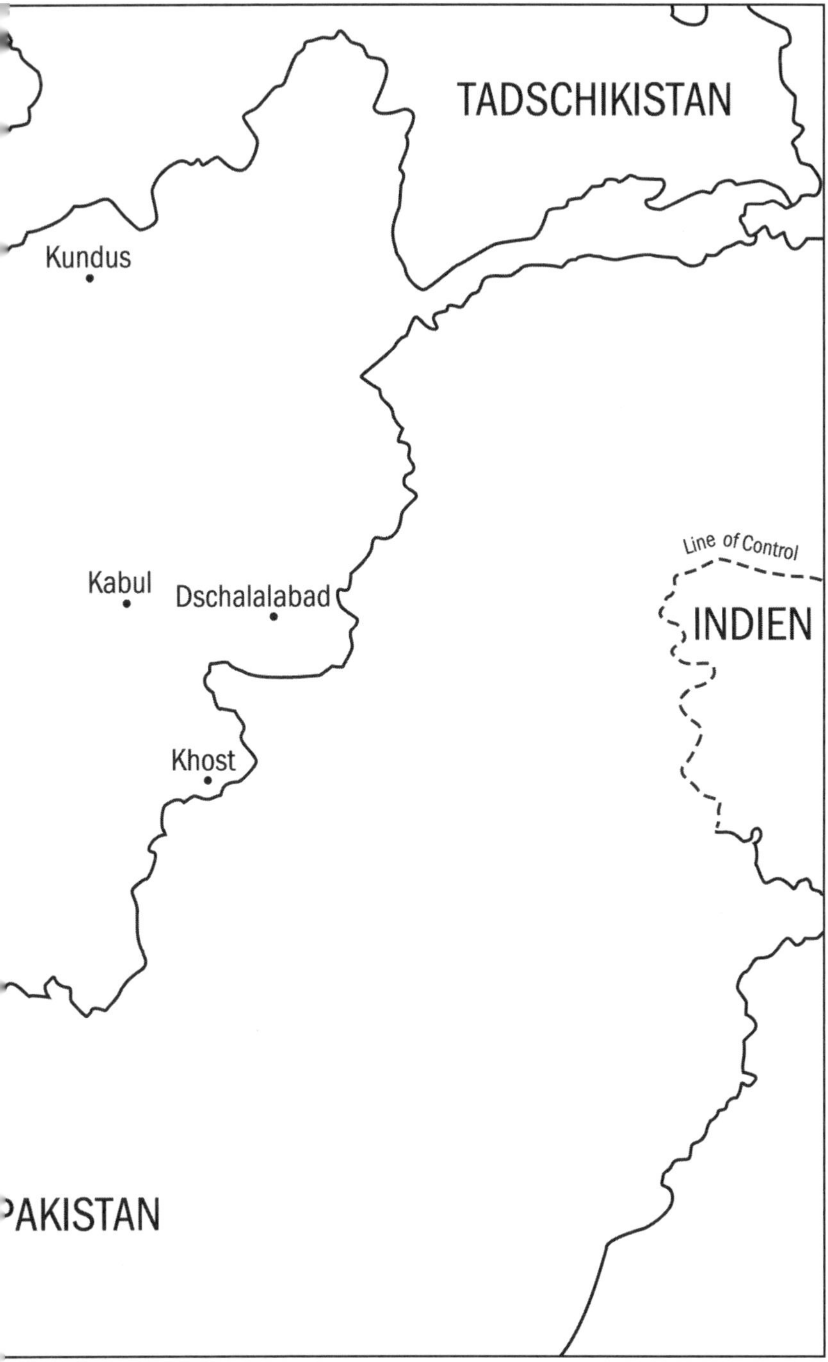
TADSCHIKISTAN
Kundus
Line of Control
Kabul
Dschalalabad
INDIEN
Khost
AKISTAN

PROLOG
ENTFÜHRT

Mittwoch, 5. Dezember 2012, 10.00 Uhr
Pul-i-assim, Afghanistan

»Ist eure Ernährung ausgewogen? Nehmt ihr genügend Eiweiß und Kohlenhydrate zu euch?« Miriam, eine einheimische Hebamme, stellt die Fragen auf Paschtu. Sie arbeitet für dieselbe Hilfsorganisation wie ich. In ihrem fünf mal sechs Meter großen Büro lauschen zwanzig Mütter und Kinder gebannt ihrer Stimme. Die Hälfte von ihnen sitzt auf Metallklappstühlen, die anderen stehen. Miriam zeigt mit einem Stab auf die Tafel neben ihr, an der Plastiktüten mit Nüssen, Bohnen und Reis befestigt sind.

Noch vor zweieinhalb Wochen war ich mit meiner Frau und unseren vier Kindern in den USA, in Colorado Springs im Bundesstaat Colorado.

Nun befinde ich mich in einem Krankenhaus in Pul-i-assim, einem Dorf im östlichen Afghanistan, wohin ich als ärztlicher Direktor für *Morning Star* entsandt wurde. *Morning Star* ist eine Nichtregierungsorganisation (NGO), die dem afghanischen Volk beim Wiederaufbau seines Landes helfen will. Meine Aufgabe ist es, den Leuten medizinische Kenntnisse zu vermitteln – und Hoffnung. Beides brauchen sie dringend.

Zu diesem Zeitpunkt ahne ich noch nicht, dass ich selbst bald dringend Hilfe und Hoffnung benötigen werde. Während Miriam spricht, wandert mein Blick zu einer Mutter in einer Ecke des Raumes. Ihre Augen sind fest auf die Tafel gerichtet und sie scheint jedes Wort aufzusaugen. Ganz sicher bin ich mir nicht, weil sie von Kopf bis Fuß von einer hellblauen Burka umhüllt wird und ihr Gesicht hinter einem - *Chadri* genannten - Schleier verbirgt. Sie hält einen Säugling von gerade einmal zwei Monaten auf dem Arm. Ein Kleinkind steht links neben der Mutter und klammert sich mit einer Hand fest an sie. Immer wieder hustet es. Auf der anderen Seite schmiegt sich ein dreijähriges Mädchen an den Stoff der Burka und wischt sich seine Nase am Ärmel ab.

Ich male mir das Leben dieser jungen Mutter aus. Ungefähr neunzehn Jahre dürfte sie alt sein. Vermutlich wohnt sie in einem Nachbardorf im Haus ihres Ehemannes. Ich sehe sie vor mir, wie sie zusätzlich zu ihrem Mann und ihren drei Kindern auch den Haushalt seiner Verwandtschaft versorgt - zu dem vielleicht eine Schwiegermutter und zwei Schwäger gehören. Sie stillt ihre jüngeren Kinder, hat aber nicht genügend Milch, sodass sie ganz satt werden. Deshalb muss ihr Mann minderwertige Ersatzprodukte kaufen, wenn er einmal monatlich in die nächstgelegene Stadt fährt. Dabei ist die Familie ohnehin knapp bei Kasse. Sicherlich fühlt sich diese junge Mutter oft überfordert. Gewiss ist sie keine gebildete Frau. In den ländlichen Gegenden Afghanistans verlassen die Mädchen die Schule für gewöhnlich nach der zweiten oder dritten Klasse. Offensichtlich ist sie aber fest entschlossen, für ihre Familie zu sorgen. Voller Eifer beugt sie sich vor, um auch wirklich jedes Bild über gute Ernährung und Hygiene zu sehen und jeden Ratschlag mitzubekommen.

Ich lächle. Genau deswegen bin ich hier. Es ist kaum zu beschreiben, welche Erfüllung ich empfinde, wenn ich die Bedürftigkeit in den unschuldigen Gesichtern dieser kleinen Kinder sehe, und bei den Müttern den starken Wunsch, besser und gesünder zu leben. Die medizinische Versorgung in afghanischen Dörfern ist sehr dürftig. Augenblicke wie diese zeigen mir, dass wir dazu beitragen, die Kluft zu überwinden - zwischen der Wirklichkeit, wie sie nun einmal ist, und der Welt, wie sie sein könnte. Diese Kluft ist sehr groß. Und doch können wir etwas im Leben dieser Menschen verändern. Endlich kann ich wieder hier sein. Seit unserem letzten Besuch in diesem Krankenhaus sind anderthalb Jahre vergangen. Vorher hatten wir sechs geplante Reisen in das Gebiet aufgrund von Terrorwarnungen absagen müssen. Die Bedrohung geht von den Taliban aus, den islamistischen Extremisten, die Terror und Gewalt als Mittel benutzen, um ihre strenge Auslegung des islamischen Rechts durchzusetzen.

Von 1996 bis Dezember 2001 regierten die Taliban weite Teile Afghanistans. Nach dem Anschlag vom 11. September 2001 auf das World Trade Center in Amerika wurden sie durch den Einmarsch der US-Truppen gestürzt. Doch ihr Einfluss besteht fort, und ihr Widerstand kostet jährlich Tausenden Menschen das Leben. Während der Herrschaft der Taliban waren die Bewohner von Pul-i-assim nach Pakistan geflohen und erst zurückgekehrt, nachdem das Regime zusammengebrochen war.

Für die Menschen in dörflichen Gegenden, wo die Taliban den größten Einfluss besitzen, schwebt die Gefahr wie ein dunkler Schatten über ihnen - auch dort, wo wir arbeiten.

Zwei meiner einheimischen Mitarbeiter, Rafiq, ein Arzt und örtlicher Leiter für *Morning Star,* und Farzad, sein Assistent, hatten den ganzen Vormittag in der Klinik verbracht. Danach lud uns der örtliche Polizeichef zu einem üppigen Mittagessen ein. Gegen halb drei ließen wir ihn und einen weiteren einheimischen Arzt in der Nähe der Klinik aussteigen und traten unsere vierstündige Rückreise nach Kabul an.

Jetzt, nur ein paar Minuten später, nähern wir uns einer Horde Jungs am Straßenrand, die zu Fuß in dieselbe Richtung unterwegs sind wie wir. Wir haben die Schüler heute Morgen schon in der Bildungseinrichtung neben der Klinik gesehen. Nach ihrem Schreib- oder Computerunterricht gehen sie jetzt wieder nach Hause. Als wir ihnen anbieten, sie mitzunehmen, drängen sie sich fröhlich und dankbar auf die offene Ladefläche. Nach ungefähr acht Kilometern setzen wir sie in einem Dorf ab, winken zum Abschied und tuckern langsam weiter über die kurvenreiche, unbefestigte Straße.

Unterwegs gehe ich in Gedanken meine Pläne für den Abend durch: Abendessen und ein Treffen mit dem nationalen Leiter meiner NGO und seiner Frau in Kabul. Wir werden die laufenden Programme und Zukunftspläne besprechen. Es gibt hier noch so viel zu tun. Eine Woche später werde ich wieder zu Hause bei meiner Familie sein. Weihnachten steht vor der Tür.

Wir fahren in einem weißen zehn Jahre alten Toyota Hilux. Für diese erste Etappe sitzt Rafiq hinter dem Steuer unseres Pick-ups. Ich habe neben ihm Platz genommen, Farzad hinten. Ungefähr vierzig Meter vor uns macht der Weg eine scharfe Biegung. Rafiq verlangsamt das Tempo. Die Straße führt allmählich den Hügel hinunter. Links von uns ragt der Berg in den sonnigen blauen Himmel. Rechts von uns geht es ähnlich steil abwärts in eine Schlucht.

Plötzlich tippt mir Farzad auf die Schulter. Irgendetwas stimmt nicht. Er beugt sich nach vorne zu Rafiq. Was ist los? Rafiq steigt in die Bremsen.

Durch die Windschutzscheibe, dreißig Meter vor uns auf der rechten Seite, sehe ich ihn. Neben einer Felskante, hinter der er sich eben noch verborgen haben muss, steht ein Mann. Er trägt eine dicke, beigefarbene Jacke über der traditionellen Kleidung. Auf dem Kopf sitzt ein brauner, wollener *Pakol*, ein Hut, der an einen Stapel Pfannkuchen erinnert. Ein langer schwarzer Bart bedeckt seinen Hals.

Doch vor allem fällt mein Blick auf den Munitionsgürtel um seine Hüfte und das Gewehr in seiner Hand. Der Mann reckt seine Kalaschnikow in die Luft - auch bekannt als AK-47 - und feuert einen Schuss ab.

Mich überkommt ein Gefühl von Unwirklichkeit. *Nein, nein,* denke ich, *ist das ein schlechter Scherz? Das kann nicht wahr sein!*

Zwei weitere Männer kommen, ebenfalls mit Sturmgewehren bewaffnet, hinter einem anderen Hügel hervor und rennen direkt auf uns zu.

Ich spüre, wie sich mein Herz fast überschlägt. *Das kann nicht sein. Nein. Ich kann nicht glauben, dass mein Leben so ein Ende nehmen soll.*

Einer der beiden Männer vor uns brüllt Befehle auf Paschtu. Ich verstehe kein Wort. Rafiq und Farzad öffnen die Türen und steigen aus. Ich folge ihrem Beispiel. Als ich die Tür öffne, nähert sich uns von hinten ein vierter Mann.

Es handelt sich offensichtlich um eine geplante Aktion. Doch welcher Art? Raub oder Entführung? Ich hoffe auf Letzteres. Die meisten Opfer von Raubzügen auf diesen abseits gelegenen Straßen werden schnell getötet.

Rafiq, Farzad und ich drängen uns an der linken Seite des Hilux zusammen. Unsere vier Angreifer schreien uns gleichzeitig an. Rafiq und Farzad heben ihre Hände, also tue ich dasselbe. Der Mann, der von hinten gekommen ist, übernimmt das Kommando. Er scheint der Älteste zu sein, vielleicht achtundzwanzig. Sein Bart ist kürzer und gepflegter, und seine Kleider sind von einem helleren Braun als die der anderen.

Der Anführer ist stinkwütend. Er hebt seinen Gewehrkolben hoch, als wollte er damit auf mich einschlagen. Ich zucke zusammen, doch der Schlag bleibt aus. Der Anführer schreit weiter auf Paschtu. Als Rafiq zu antworten versucht, reißt er die Hintertür des Hilux auf und greift nach den Rucksäcken, die Rafiq und ich gepackt hatten. Hastig durchsucht er sie.

Rafiq flüstert mir zu: »Er will wissen, warum wir hier sind und was wir machen.«

Ich schweige und vermeide den Blickkontakt mit dem Bewaffneten. Weil ich indischer Herkunft bin, könnte ich gut als Afghane durchgehen – zumindest bis ich meinen Mund öffne und meine Zuhörer merken, dass ich nicht ihre Sprache spreche.

Ich möchte den Zorn dieser Männer nicht noch weiter schüren, indem ich ihnen offenbare, dass ich Amerikaner bin.

Alle unsere Angreifer sind ähnlich gekleidet. Der Mann, den wir als Ersten gesehen haben, scheint Mitte zwanzig zu sein und ist der Größte der Gruppe, fast eins achtzig. Die zwei, die vor uns aufgetaucht sind, sehen beinahe genauso alt aus, könnten aber auch viel jünger sein – bei ihren schmutzstarrenden Gesichtern und dem rötlichen Teint ist das schwer zu sagen. Der Größere von ihnen ist vielleicht noch ein Teenager, gibt sich aber als erfahrener Soldat. Er richtet sein Gewehr auf uns und bedeutet uns, weg vom Wagen an den Straßenrand zu treten.

Was nun? Ich frage mich, was sie wohl vorhaben. *Werden sie uns an Ort und Stelle erschießen?*

Aus der gleichen Richtung, aus der wir gekommen waren, erscheint plötzlich ein einzelner Motorradfahrer. Er hält hundertfünfzig Meter vor uns, erkennt die Situation und macht kehrt. Sekunden nach seinem Auftauchen ist der Mann wieder verschwunden. Wird er berichten, was er gerade gesehen hat?

Einer der Männer beginnt, ein Stück Stoff in lange Streifen zu reißen. Mit einem der Streifen legt er mir eine Augenbinde an. Aber die provisorische Binde erfüllt nicht wirklich ihren Zweck. Oben links bleibt mir eine kleine Öffnung. Weil meine Hände nicht gefesselt sind, kann ich sie noch ein Stückchen weiter runterziehen und mir einen besseren Einblick in die Geschehnisse verschaffen.

Ich fürchte, dass nun alles aus ist. Mein Verstand ist gerade noch in der Lage, ein stilles Gebet gen Himmel zu schicken: *Gott, rette mich aus dieser Situation!*

Unsere Entführer versuchen, auch Rafiq und Farzad Augenbinden anzulegen, aber es klappt nicht so recht – vielleicht waren die anderen Streifen zu kurz. Obwohl es sich wie eine kleine Ewigkeit anfühlt, sind wohl noch keine zehn Minuten vergangen, als mir die Binde wieder abgenommen wird. Nun werden dieselben Stofffetzen benutzt, um uns die Arme auf den Rücken zu binden.

Dann werden wir alle auf die Rückbank des Hilux verfrachtet. Der Anführer steigt auf den Fahrersitz. Der Zweitälteste setzt sich neben ihn.

Mein Herzschlag setzt einen Moment aus.

Okay, zumindest scheint es kein Raubzug zu sein. Wir leben noch. Sie bringen uns irgendwo hin, also gibt es einen Plan.

Der Anführer startet den Hilux und lässt den Motor aufheulen. Er wendet und fährt so schnell und rücksichtslos, dass ich jeden Moment damit rechne, über die Klippe zu rasen und den Berg hinunterzustürzen.

Auch mein Herz schlägt mit rasender Geschwindigkeit. Nach wenigen Minuten erreichen wir das Dorf, in dem wir die Jungs abgesetzt hatten. Einige Bewohner schauen auf, als wir vorbeifahren. Ich flehe mit meinen Augen: *Bitte seht doch, dass das ein medizinisches Versorgungsfahrzeug ist, auf dessen Ladefläche sich normalerweise keine bewaffneten Männer aufhalten. Bitte verständigt jemanden!*

In null Komma nichts haben wir das Dorf hinter uns gelassen und befinden uns wieder auf der menschenleeren Straße, die zu dem Dorf und dem Klinikgebäude führt, in dem wir den Morgen verbracht haben.

Vielleicht ist das gut für uns. Selbst wenn wir das Dorf und die Polizeistation erreichen, kann noch alles den Bach runtergehen, aber immerhin werden die Leute dann wissen, was mit uns passiert ist. Doch dieser Hoffnungsschimmer erlischt, so schnell er aufgeflackert ist. Der Anführer biegt plötzlich von der Straße ab und fährt mit Karacho bergab. Ich fürchte, er könnte den Hilux auf dem steinigen Boden zum Kippen bringen oder zu Schrott fahren, und wir würden im Nirgendwo liegen bleiben.

Während wir weiterholpern, versuche ich, an Rafiqs Hände zu gelangen. Vielleicht kann ich unbeobachtet seine Fesseln lösen. Gleichzeitig frage ich leise: »Hast du eine Ahnung, was diese Typen mit uns vorhaben?«

Fast unmerklich schüttelt er den Kopf: »Nein, keine Ahnung«, flüstert er. »Wir müssen still sein.«

Ich kann mir nicht vorstellen, dass sich unsere Lage verschlimmern könnte. Doch weit gefehlt. Die zwei Entführer im Fahrerhaus reden aufgebracht miteinander. Später erfahre ich, um was es ging: »Jetzt ist es vorbei mit schickem Schreibtisch und Computer. Wir werden diesen Eseln zeigen, was echtes islamisches Leben bedeutet.« Der Anführer setzt sich eine Sonnenbrille auf, die er im Wagen findet. Scheinbar passt sie ihm nicht, denn er schleudert sie gegen das Armaturenbrett.

Seine Wut kennt keine Grenzen. Mit der linken Hand hält er das Steuer, während er mit der rechten den Rückspiegel aus der Verankerung reißt. Dann macht er sich über die Sonnenblende her. Nummer zwei auf dem Beifahrersitz tut es ihm nach. Keinem von beiden gelingt es, die Blenden ganz zu entfernen. Also begnügen sie sich damit, sie zu verbiegen.

Diese Typen sind völlig außer Rand und Band. Denen ist alles zuzutrauen.

Nach fünfzehn Minuten wilder Fahrt durch das weite Tal wird die Landschaft hügeliger, sodass man von der Umgebung nicht mehr viel sehen kann. Schließlich halten wir an und man befiehlt uns auszusteigen. Mit seinem Gewehr deutet der Anführer auf den Berg zu seiner Linken. Einen Weg gibt es nicht. Ich schaue nach oben und sehe weitere bewaffnete Männer auf einem Hügel, ungefähr siebzig Meter über uns.

Eine dunkle Vorahnung steigt in mir auf wie schwarzes Öl aus einer Quelle: Das sind keine gewöhnlichen Räuberbanden. Dafür gehen sie zu planmäßig vor.

Ich bin in die Hände der Taliban geraten.

Zwei der Männer schnappen sich unsere Rucksäcke. Dann beginnen wir den Aufstieg. Mit meinen auf den Rücken gebundenen Händen kann ich auf dem steilen Gelände nur schwer das Gleichgewicht halten. Mir tut es leid um den Hilux. Er war das letzte Überbleibsel meiner Arbeit hier, meines normalen Lebens.

Unterwegs höre ich unsere Entführer miteinander sprechen. Bestimmt sprechen sie über uns. Ich befürchte das Schlimmste: Sobald wir oben sind, werden sie uns erschießen.

Gott, wie immer das hier ausgehen mag: Bitte schenke, dass sie mich nicht zu Tode foltern. Lieber einen Schuss und fertig.

Es ist erstaunlich, wie schnell alles, was eben noch so selbstverständlich war, vorbei sein kann. Innerhalb weniger Minuten habe ich die gesamte Kontrolle über mein Leben verloren. Ich kann nur noch den nächsten Schritt gehen, den nächsten Atemzug tun und an der Hoffnung festhalten, dass es nicht der letzte sein wird.

Schritt für Schritt.

Atemzug für Atemzug.

Die Hoffnung nicht aufgeben.

Bei unserem ersten Treffen sind wir Freunde.
Beim nächsten Treffen sind wir Brüder.
Afghanisches Sprichwort

ICH SUCHE MEINEN WEG

Sonntag, 18. November 2012, 19 Uhr
Colorado Springs, Colorado

In der Nacht vor meiner Abreise nach Afghanistan lag mir nichts ferner als Gedanken an Entführung und Tod. Stattdessen räkelte ich mich zu Hause auf dem Sofa. Meine Aufmerksamkeit galt nicht bewaffneten Männern, sondern den Abenteuern von drei kleinen Lastern, auch bekannt als *The Three Little Rigs* (»Die drei kleinen Sattelschlepper«).

»Kleiner Laster, kleiner Laster, lass mich rein!« Ich las laut und gab mir größte Mühe, wie eine Abrissbirne zu klingen. »Nicht beim Chrom meiner Felgen, niemals, nein!«, gab ich selbst zur Antwort, nun mit der Stimme eines jungen Lkws.

Auf meinem Schoß saß mein dreijähriger Sohn Tobi. Mit gespitzten Ohren und großen Augen erfasste er jedes Wort und jedes Detail des von David Gordon verfassten Bilderbuches.[1] Auf meiner anderen Seite kuschelte sich Jason an mich, mein zwei Jahre älterer Sohn. Cilicia, meine Frau, und Asha, mit acht Jahren unsere Älteste, saßen uns gegenüber. Auf dem Boden in der Ecke spielte unser jüngster Familienzuwachs, der acht Monate alte Eshaan, mit seinem Puzzle.

Ich liebe es, Ehemann und Vater zu sein. Jeder, der selbst Kinder hat, weiß, was für ein Segen und eine Freude es ist, Kinder großzuziehen. Ich hatte mir das schon so ausgemalt, bevor Cilicia und ich Kinder hatten. Am Ende hat es mich aber doch überrascht, wie viel ich von meiner Familie gelernt habe – besonders darüber, wo ich noch an meinem Charakter arbeiten musste. Wenn das Geld knapp war und Cilicia an einem Abend mit Freunden mehr ausgab, als ich für angemessen hielt, fehlte es mir an Nachsicht. Wenn meine Kinder vor dem Zubettgehen lauter waren, als es für meine Begriffe nötig war, fehlte es mir an Geduld.

Doch natürlich genieße ich auch einfach das Miteinander, und es macht mir Spaß, die unterschiedlichen Persönlichkeiten meiner Kinder zu entdecken.

Asha zum Beispiel geht ganz in der Rolle der Ältesten auf. Sie ist eine geborene Leiterin, leidenschaftlich und entschlossen, mit einem ausgeprägten Sinn für Gerechtigkeit und Fairness. Jaron ist eher ausgeglichen, empfindsam und nachdenklich. Er überrascht mich oft mit seinen Einsichten. Tobiah – wir nennen ihn Tobi – ist »ein Sonnenschein«, wie Cilicia sich ausdrückt. Er steht gerne im Mittelpunkt und weiß genau, wie er durch sein Lachen, durch seine pausenlose, liebenswerte Fragerei und durch lautes Herumgealbere die Aufmerksamkeit auf sich ziehen kann. Eshaan scheint so ausgeglichen zu sein wie sein Bruder Jaron, aber es ist noch zu früh, um das mit Bestimmtheit sagen zu können. Ich freue mich sehr darauf, in den kommenden Monaten und Jahren mehr über ihn herauszufinden.

Cilicia ist eine hingegebene und unglaublich geduldige Mutter, aufrichtig und warmherzig. Seit unserer ersten tieferen Begegnung liebte ich die anregenden und ermutigenden Gespräche mit ihr. Nach nunmehr zwanzig Jahren, einschließlich zehn Ehejahren, hat sich das keinen Deut geändert.

Ich seufzte zufrieden, als ich meinen Blick durch den Raum schweifen ließ. Wie jedes Ehepaar hatten auch Cilicia und ich unsere Höhen und Tiefen. Und vier kleine Kinder zu erziehen ist wirklich nicht immer einfach. Und doch war ich mir bewusst, dass ich reich gesegnet wurde. Ich ging auf die Vierzig zu und konnte mir kein anderes Leben vorstellen.

Nun war ich gerade wieder drauf und dran, die Menschen, die mir am meisten bedeuteten, zurückzulassen. Ich versuchte, mir das Bild des heutigen Abends fest einzuprägen. Die letzte Nacht vor meinem Flug über den großen Teich hatte immer einen bittersüßen Beigeschmack – meine Vorfreude auf die bevorstehende Reise mischte sich mit dem Wissen, dass ich meine Lieben erst in einigen Wochen wiedersehen würde.

Ja, ich würde sie vermissen. Und: Ja, ich musste diesem Ruf folgen.

Man könnte behaupten, alles habe mit meinen Eltern angefangen. Beide waren gebürtige Inder und lebten in Kerala, das an der Südwestküste ihrer Heimat liegt. Mein Vater, P. V. Joseph, war gerade Anfang zwanzig, als er die fünf Jahre ältere Rosamma in einer Jugendgruppe kennenlernte. Dann verliebten sie sich. Allerdings werden die meisten Ehen in Indien auch heute noch von den Eltern arrangiert. Mein Vater und meine Mutter waren überglücklich, als ihre Familien sich verständigten und ihre Beziehung guthießen. Voller Freude über ihr neues Leben zu zweit begann mein Vater, meine Mutter Jolly* zu nennen, was er wie »Dscheu-Lieh« aussprach.

Meine Schwester Deepa kam ein Jahr nach der Hochzeit auf die Welt. Zwei Jahre darauf, am 28. Juli 1973, wurde ich geboren.

Die Bevölkerung in Kerala setzt sich zur Hälfte aus Hindus, zu fünfundzwanzig Prozent aus Muslimen und fast zwanzig Prozent aus Christen zusammen. Meine Eltern waren beide in christlichen Familien aufgewachsen und hatten bereits in jungen Jahren ihr

---

* Englisch für: fröhlich, lustig. [Anmerkung des Verlags]

Leben Jesus Christus übergeben. Sie gründeten eine unabhängige Gemeindebewegung, deren Gottesdienste in verschiedenen Häusern abgehalten wurden. Auch in unserem Haus. Es war ein ständiges Kommen und Gehen. Manchmal blieben Leute für Tage oder sogar Wochen bei uns.

Meine einprägsamsten Kindheitserinnerungen spielten sich jedoch außerhalb unserer vier Wände ab. Nahezu jedes Wochenende besuchten wir zusammen mit Mitgliedern unserer Hauskirche ein anderes Viertel in der Umgebung und verteilten Essen oder boten praktische Hilfe an. Obwohl meine Eltern selbst nicht viel hatten, setzten sie alles daran, für diejenigen da zu sein, die körperlich, seelisch, finanziell oder geistlich in Not waren. Zu diesen Menschen in Not gehörte ein Mann, den mein Vater bei einem seiner monatlichen Krankenhausbesuche getroffen hatte. Jacob war Ende zwanzig und brauchte dringend eine Bluttransfusion. Mein Vater konnte einen Geschäftsmann aus unserer Gemeinschaft dafür gewinnen, das Blut für die Transfusion zu spenden. Im letzten Moment musste der Spender jedoch seine Zusage zurückziehen. Obwohl von kleiner Statur und kein sonderlich kräftiger Mann, beschloss mein Vater, sein eigenes Blut zu spenden. Jacob war so beeindruckt vom Einsatz meines Vaters, dass er sich unserer Hauskirche anschloss. Später bat er meinen Vater sogar darum, seine Trauung zu halten.

Meine ganze Kindheit hindurch erlebte ich die große Liebe meiner Eltern zueinander und zu anderen, selbst zu Fremden. Auf ihre Art waren meine Eltern Rebellen, fest entschlossen, dem Status quo zu trotzen und zu leben, was sie glaubten. Obwohl es mir damals nicht bewusst war, haben ihre Liebe, ihr Dienst und ihre festen Überzeugungen einen bleibenden Eindruck auf mich gemacht.

Mit elf Jahren sah ich eine Dokumentation, die mich ebenfalls zutiefst beeindruckte. Es ging um einen japanischen Arzt, der

Ende des 19. Jahrhunderts in die entlegensten Winkel Chinas reiste, um - angetrieben von seinem Glauben - medizinische Hilfe und Liebe weiterzugeben. Der Arzt lebte in demselben Dorf wie die Menschen, denen er diente. Mir war bewusst, was für eine schwierige Aufgabe er sich ausgesucht hatte, und es war spannend, die Gesichter der Patienten zu sehen - sie drückten eine Mischung aus Zurückhaltung, Neugier und Anerkennung aus. Dieser mutige Arzt wurde schließlich von Handlangern der Regierung ermordet, die seine Arbeit und seinen Glauben als Bedrohung ansahen.

Der Gedanke, als Arzt in einem fremden Land humanitäre Hilfe zu leisten, packte mich regelrecht. Den japanischen Arzt hatte die Gefahr nicht von seinem hingebungsvollen Wirken abgehalten. Nun träumte ich davon, eines Tages das Gleiche zu tun.

Was das Reisen betraf, so erfüllte sich mein Traum, als ich fünfzehn Jahre alt war. Auf das ermutigende Drängen meiner Mutter hin war mein Vater zwei Jahre zuvor in die Vereinigten Staaten gezogen, um dort am *Fuller Theological Seminary* in Pasadena, Kalifornien, Theologie zu studieren. Sobald ich in Indien die Schule abgeschlossen hatte, folgten wir ihm mit dem Rest der Familie.

Anfangs war ich von Amerika überwältigt. Alles war so riesig. Auf der Fahrt vom Internationalen Flughafen in Los Angeles nach Pasadena faszinierten mich die Wolkenkratzer, die wuchtigen Brücken und das Geflecht von asphaltierten Autobahnen.

Doch ich fand mich schnell zurecht. Anpassungsfähig wie ich war, schloss ich nach meiner Aufnahme an der *Marshall Fundamental High School* bald neue Freundschaften. Ich war sehr aktiv, nahm an studentischen Förderprogrammen wie dem *Science Club* und dem *Key Club* teil und spielte in der Tennismannschaft. Voller Elan tauchte ich in die amerikanische Kultur ein. Vielleicht habe ich es auch ein bisschen übertrieben. An der *Mar-*

shall High School flog mir der Erfolg von selbst zu, und deswegen gab ich mir keine große Mühe, mich auf das College vorzubereiten. Als ich mich 1991 an der *Azusa Pacific University* einschrieb, spürte ich, dass dort der Wind rauer wehte, und Biochemie als Hauptfach machte die Sache nicht unbedingt einfacher.

Meine Zeit an der *Azusa* war von zwei einschneidenden Ereignissen geprägt. Das Erste trug sich zu, als ich ein Seminar zur Polymerase-Kettenreaktion besuchte, seinerzeit ein neues biochemisches Verfahren. Es sollte jedoch ein anderer Aspekt der Chemie sein, die diesen Kurs zu einem besonderen Erlebnis machte.

Der auf dreißig Leute ausgerichtete Raum war mit fünfzig Studenten hoffnungslos überfüllt. Ich fand einen Platz in der letzten Reihe. Kaum hatte ich mich gesetzt, begann der Gastsprecher auch schon mit seinem Vortrag – von dem ich kein Wort verstehen konnte. Mein Blick fiel auf ein Mädchen in der Reihe direkt vor mir. Ich sah nur ihren Hinterkopf und im Ansatz ihr Profil, doch ihr langes dunkles Haar und ihre ansprechenden Züge gewannen sofort meine volle Aufmerksamkeit.

Wer ist sie? Weil ich sie nicht kannte, schlussfolgerte ich, sie müsse neu hier sein. Wie sich herausstellte, sollte ich recht behalten, und obendrein war sie eine Freundin der Familie eines meiner besten Freunde, eines Studienkollegen an der *Azusa*. Cilicia war in Nord- und Südkalifornien aufgewachsen. Ihr Vater stammte jedoch aus Indien, während ihre Mutter, eine weiße Amerikanerin, aus Nordkalifornien kam.

Cilicia ging zu der Zeit mit einem meiner Freunde aus, sodass ich sie von Zeit zu Zeit sah und allmählich näher kennenlernte. Ich genoss ihre Gesellschaft und schätzte sie als eine gute Freundin, aber da sie mit jemand anders zusammen war, erlaubte ich mir keine weitergehenden Gedanken.

Das nächste Jahr war mein Abschlussjahr. In meinem letzten Semester belegte ich einen Kurs über Kunstgeschichte, der einzige, der mir noch zum Abschluss fehlte. Der Kurs gefiel mir, aber eine meiner Kommilitoninnen gefiel mir noch weitaus besser: Cilicia. Die Beziehung mit ihrem Freund war auseinandergegangen, und je mehr wir in diesem Semester miteinander sprachen, desto mehr wuchs unsere Freundschaft. Viel zu schnell ging das Halbjahr vorüber.

Ich stand kurz vor meinem Abschluss und musste mir Gedanken über die Zukunft machen. Cilicia hatte vor, an eine Schule zu wechseln, die nicht so weit von ihrem Heimatort entfernt lag. Nach unserer letzten Stunde Kunstgeschichte gingen wir auf einen Burger zu McDonald's.

»Es war schön, dich ein bisschen kennenzulernen.« Cilicia lächelte bezaubernd.

»Das empfinde ich genauso«, stimmte ich zu, »ich wünsche dir alles Gute für dein Leben. Lass uns in Kontakt bleiben.«

Wir dachten, nun trennten sich unsere Wege. Doch in den folgenden Monaten kehrten meine Gedanken immer wieder zu Cilicia zurück. Ich vermisste ihre Freundschaft und unsere ungezwungenen Gespräche. Sie war eine klasse Frau. Wir telefonierten ab und zu oder schrieben uns Mails. Nach sechs Monaten rief sie mich an und teilte mir mit, sie wolle Freunde besuchen – in der Gegend, wo ich wohnte. Wir verabredeten uns zum Abendessen. Als ich sie nach so langer Zeit wiedersah, konnte ich meine Gefühle nicht mehr vor ihr – geschweige denn vor mir selbst – verbergen. In einer Pizzabude in Pasadena gestand ich ihr, wie sehr ich mich zu ihr hingezogen fühlte. Heilfroh und erleichtert erfuhr ich, dass sie meine Gefühle erwiderte.

Inmitten all der Unsicherheiten meines Lebens war sie mein Fixpunkt. Es war der Beginn einer Fernbeziehung, die uns auf einen gemeinsamen Weg führen würde.

Doch an einem frühen Samstagabend, dem 12. August 1995, geschah etwas Traumatisches. Übers Wochenende besuchte ich meine Eltern in Pasadena und war nach einem langen Tag gerade zu ihrem Haus zurückgekehrt. Einen Monat zuvor hatte mein Vater seinen Doktor in Missionswissenschaften am *Fuller Theological Seminary* abgeschlossen. Meine Eltern bereiteten sich nun auf ihre Rückkehr nach Indien vor. Sie wollten unter den Stammesvölkern einen Arbeitszweig aufbauen.

An jenem Morgen hatte ich noch mit meiner Mutter gesprochen und wusste, dass sie bei Freunden zum Abendessen eingeladen waren. Jetzt bemerkte ich, dass das rote Licht am Anrufbeantworter blinkte. Die Nachricht jagte mir einen Schrecken ein: »Hier ist das *Huntington Hospital*. Wir versuchen, den Sohn von P. V. und Jolly Joseph zu erreichen. Bitten rufen Sie uns zurück.« Was mochte das bedeuten? Voller Sorge griff ich zum Hörer und man sagte mir: »Bitte kommen Sie umgehend. Ihre Eltern hatten einen Unfall.«

Obwohl ich Angst vor der Antwort hatte, fragte ich: »Geht es ihnen gut?«

Die Frau am anderen Ende der Leitung zögerte kurz, dann antwortete sie vorsichtig: »Ihr Vater liegt auf der Intensivstation. Es tut mir leid, Ihnen mitteilen zu müssen, dass Ihre Mutter gestorben ist.«

Unter Schock legte ich auf und stand einfach nur da, unfähig, mich zu rühren oder auch nur zu atmen.

Nein, das kann nicht sein. Auf gar keinen Fall. Es muss eine Verwechslung vorliegen.

Später erfuhr ich, dass eine Frau über eine rote Ampel gefahren und mit ihrem Chevy Suburban seitlich in den Nissan Sedan meiner Eltern gekracht war. Mein Vater erlitt schwerwiegende innere Verletzungen. Bei meiner Mutter konnten die Ärzte nur noch den Tod feststellen.

Die nächsten zwei Wochen – Trauer, Familie, Freunde, Beerdigung, Gedenkgottesdienst, die Pflege meines Vaters im Krankenhaus – war ich wie betäubt. Der Verlust meiner Mutter war für mich kaum zu verkraften. Wir hatten uns immer sehr nahegestanden. Es fühlte sich an, als sei mir der Boden unter den Füßen weggerissen worden.

Es dauerte sechs Monate, bis sich mein Vater von seinen Verletzungen erholt hatte. Er beschloss, nach Indien zurückzukehren. Ich wusste, dass ich noch mein Grundstudium an der *Azusa* abschließen sollte. Doch was dann? Sollte ich weiter studieren? Diesen Gedanken verschob ich bis auf Weiteres. Ich brauchte eine Pause. Es war eine schwere Zeit voller Fragezeichen.

Nach Abschluss des Grundstudiums nahm ich einen Job im Forschungslabor der *University of Southern California* an und versuchte gleichzeitig, mir über meine Zukunft klarzuwerden. Ich zog eine Berufslaufbahn in der biomedizinischen Forschung in Erwägung. In meinem Hinterkopf jedoch dachte ich immer wieder an diese Doku über den japanischen Arzt in China und daran, Menschen in unterentwickelten Nationen medizinische Hilfe zu leisten.

Nach zwei Jahren verließ ich das Forschungslabor und schrieb mich für das weiterführende Studium an der *Loma Linda University* ein. Zum Teil verdanke ich es dem Ratschlag meines besten Freundes, dass ich einen Masterstudiengang in Gesundheitswesen wählte und nicht in medizinischer Forschung. Anfangs lag mein Schwerpunkt an der *Loma Linda* auf Biostatistik. Als ich aber mein Auslandspraktikum antrat, befand ich mich endlich auf einem Weg, der meiner tiefsten Sehnsucht entsprach.

Ich war wieder in Indien und arbeitete dort drei Monate lang in einer ländlichen Gegend in der Nähe von Jamkhed im Bundesstaat Maharaschtra. Ich sah die dramatischen Auswirkungen, die

die Arbeit eines einzelnen, kleinen Arztes und ein bisschen Gesundheitskunde in einer Gesellschaft haben konnten. Es mögen nur Routineuntersuchungen und einige Standardfragen gewesen sein: »Sind Ihre Kinder gesund? Haben Sie den Ernährungsplan eingehalten, den wir beim letzten Mal besprochen haben?«, gefolgt von einer kurzen grundlegenden Behandlung. Für die meisten Menschen in diesen Dörfern war das mehr ärztliche Zuwendung, als sie je zuvor erfahren hatten. Ich durfte Zeuge davon werden, wie eine kleine Anlaufstelle für Kranke und ein tragfähiges Dorfgesundheitsprogramm in der Gegend zu nachhaltigen Verbesserungen führten. Unser Einfluss reichte über medizinische Belange hinaus. Wenn wir die Dorfbewohner zuvorkommend und freundlich behandelten, lächelten sie. Offensichtlich fühlten sie sich wertgeschätzt. Wenn wir sie entließen, ging es ihnen besser, nicht nur körperlich, sondern auch seelisch und geistlich.

Dann gab es noch die gesellschaftliche Komponente. Bis heute schaut man in Indien auf Leute aus sogenannten niederen Kasten herab. Wenn wir solche Menschen medizinisch schulten, wertete sie das in den Augen der Dorfgemeinschaft auf und stärkte sie. Zugehörige höherer Kasten mussten sich dann an sie wenden, wenn ihnen an ihrer Gesundheit lag.

Diese drei Monate am Rande von Jamkhed haben mein Leben verändert. Ich sah, dass ich in dieser Welt etwas bewirken konnte. Auf diese Weise begannen sich meine Kindheitsträume zu erfüllen. Meine Mutter hatte mich immer darin bestärkt, eine medizinische Laufbahn einzuschlagen. Mit meinem Master in *International Public Health* (»Internationales Gesundheitswesen«) und meinem Abschluss in Medizin konnte ich diese Wünsche verwirklichen und der Berufung folgen, für die ich geboren war. Dessen war ich mir plötzlich ganz sicher. Zum ersten Mal seit dem Tod meiner Mutter sah ich voller Erwartung in die Zukunft.

Ich nahm ein Studium im englischen Cambridge auf. Während dieser Zeit vertiefte und festigte sich meine Beziehung zu Cilicia, obwohl Tausende von Kilometern zwischen uns lagen. Inmitten von fast dreihundert Verwandten und Freunden gaben wir uns am 17. August 2002 das Jawort. Cilicias Vater leitete die Zeremonie, in der wir uns Treue bis zum Tod gelobten.

Jetzt, zehn Ehejahre und vier Kinder später, genoss ich das Leben mit meiner Familie in Colorado Springs. Ich hob Eshaan vom Boden hoch, trug ihn nach oben, wechselte seine Windeln und zog ihm einen frischen Strampler an, darüber seinen kleinen Schlafsack – den weißen mit dem bunten Buchstabenmuster. Dann brachte ich ihn in das Kinderzimmer, das er mit seiner Schwester teilte, und löschte das Licht aus. Eshaan gähnte, als ich ihn in meinen Armen wiegte. Leise sprach ich ein Gute-Nacht-Gebet für ihn: »Gott, bitte kümmere dich um Eshaan, während ich weg bin. Beschütze ihn und bereite ihn für die Pläne vor, die du für sein Leben hast. Pass auf uns beide auf, bis wir uns wiedersehen.«

Ich wollte Eshaan einfach noch nicht aus meinen Armen geben. Stattdessen betrachtete ich eingehend sein Gesicht im Halbdunkel und nahm jede Einzelheit auf: Seine winzige Nase und den kleinen Mund, das dunkle Kopfhaar, seine braunen Augen, die schon schwer wurden und bald zufallen würden. Dieses kostbare Bild wollte ich mir einprägen.

Wie viel wird sich in dem Monat meiner Abwesenheit verändern? Wie wird er reagieren, wenn ich zurückkomme? Wird er mich erkennen? Ich war noch gar nicht weg und vermisste ihn schon.

Mit widerstrebenden Gefühlen legte ich Eshaan in sein Bettchen und küsste ihn sanft auf die Stirn. Ich hatte diesem kleinen Kerl mein Herz geschenkt, genau wie seiner Schwester und seinen Brüdern zuvor, seiner Mutter und auch dem Land, das ich nun mein Zuhause nannte. Aber nun rief ein anderes Land nach mir, ein Land, dem ebenfalls ein Teil meines Herzens gehörte.

Ich fragte mich, welche Abenteuer auf Eshaan warten würden. Ich würde warten müssen, um es herauszufinden. Seine Reise fing gerade erst an. Jetzt war es an der Zeit, meine eigene Reise fortzusetzen.

AFGHANISTAN

Donnerstag, 29. November 2012, 16.30 Uhr
Kabul, Afghanistan

Die Sonne stand schon tief am Himmel, als mein Flieger zur Landung in Kabul ansetzte. In den zwei Stunden seit unserem Abflug in Dubai hatte ich mich mit meinen beiden Sitznachbarn unterhalten - einem französischen Fotojournalisten und einem afghanischen Teppichhändler. Ich lehnte mich zwischen den beiden nach vorne, um einen Blick aus dem Fenster auf die Stadt zu werfen, die für mich schon fast zu einem zweiten Zuhause geworden war.

So viel hatte sich in den vier Jahren seit meinem ersten Besuch verändert. Damals war die Hauptstadt des Landes schon dicht bewohnt gewesen, doch in den vergangenen vier Jahren war die Einwohnerzahl von Kabul und seinen Vororten auf fünf Millionen angewachsen. Die Straßen, die Gebäude, das Geschäftsleben - alles hatte sich ausgeweitet. Langsam verwandelte sich die Stadt in eine blühende Metropole.

Auch meine Sicht auf Afghanistan und die Menschen dort hatte sich gewandelt. Vor meinem ersten Besuch hatte ich neben der Vorfreude auch ein gewisses Unbehagen empfunden. Ich hatte mich gefragt, ob die Leute mich wohl akzeptieren würden. *Könnte ich dort etwas ausrichten? War das wirklich meine Zukunft?*

Der Einsatz war spontan zustande gekommen. 2007 war ich mit meiner Familie aus England in die Staaten zurückgekehrt, um dort mein Medizinstudium abzuschließen und eine Facharztausbildung zu machen. Am Ende desselben Jahres hatte Cilicia in Colorado Springs eine Stelle als Strategieanalystin bei *Compassion International* angetreten, einer Organisation, die sich gegen Kinderarmut stark macht. Ich aber hatte ein Jahr später noch immer nicht den richtigen Platz für mich gefunden. Eines Abends besuchte ich eine Vortragsveranstaltung über humanitäre Hilfe im Ausland. Ich stand im hinteren Teil des Raumes, als ein breitschultriger Mann auf mich zukam und mich mit leiser Stimme ansprach: »Hallo, ich habe schon von Ihnen gehört. Wir sollten uns mal zusammensetzen und einander kennenlernen.«

Der Mann hieß Daniel und war Vorsitzender von *Morning Star Development*. Bald darauf verabredeten wir uns und hatten sofort einen guten Draht zueinander. Als ich ihm meine Pläne für meinen beruflichen Werdegang schilderte – Gesundheitsvorsorge und klinische Medizin, *International Public Health*, humanitäre Hilfe und Lehre –, lehnte er sich zurück und lächelte. »Das sind genau die Qualifikationen, die man bei uns als ärztlicher Direktor braucht.« Zwei Wochen später würde Daniel nach Afghanistan fliegen. Er lud mich ein, ihn zu begleiten und ihren Dienst kennenzulernen.

Begeistert kehrte ich von dem Treffen nach Hause zurück. »Stell dir vor, Cilicia! Ich habe vielleicht einen Job gefunden!« Dann erklärte ich ihr den Haken an der Sache. »Wenn ich diesen Posten annehmen und dann immer wieder medizinische Schulungen in Afghanistan durchführen würde ... wie würde es dir damit gehen? Hättest du etwas dagegen? Hättest du Bedenken wegen der Sicherheit?«

Cilicia hat einen ganz erstaunlich starken Glauben. Ohne mit der Wimper zu zucken, antwortete sie: »Wenn es das ist, was du tun sollst, ist die Sicherheit das Letzte, um das ich mir Gedanken machen würde.« Trotz der von Gewalt gezeichneten Geschichte Afghanistans ging es mir genauso. Ich nahm Daniels Angebot an und begleitete ihn.

Obwohl ich selbst in diesem Teil der Welt aufgewachsen war, gab es vieles in diesem Land, das mir unbekannt war. Meine Erkundungen ergaben, dass Afghanistan ungefähr so groß wie Texas ist, womit die Gemeinsamkeiten aber auch schon aufhören. Die 30,5 Millionen Einwohner Afghanistans[2] setzen sich zu 99 Prozent aus Muslimen zusammen.[3] Mehr als zwei Drittel der Bevölkerung können weder lesen noch schreiben.[4] Die durchschnittliche Lebenserwartung ist nicht hoch, auch wenn sie seit 2001, als sie bei nur 43 Jahren lag, etwas angestiegen ist.[5] Ungefähr ein Zehntel der Kinder wird nicht einmal fünf Jahre alt.[6] Um die dürftigen Einkommen auszugleichen, legen viele Afghanen Mohnfelder an, was das Land zum weltweit führenden Hersteller von Opium macht, dem wichtigsten Bestandteil von Heroin.[7]

Ich fragte mich, auf was ich mich da eingelassen hatte.

Die ersten Sonnenstrahlen tauchten die Landschaft unter uns in rötliches Licht, als ich zwei Wochen später zum ersten Mal auf die schneebedeckten Gipfel blickte, die Kabul umgeben. Der höchste Punkt des Hindukusch liegt bei beinahe achttausend Metern; Kabul befindet sich auf fast zweitausend Metern Höhe. Die Aussicht aus meinem Flugzeugfenster erinnerte mich an Denver und die Rocky Mountains, wobei diese Gipfel hier sogar noch markanter sind. Als wir die Stadt überflogen, nahm ich erstaunt wahr, dass Kabul in einem wohlgeplanten Raster angelegt war, das ein Stadtzentrum, Wohnblöcke sowie ein Geschäftsviertel enthielt. Vom Boden aus ergab sich allerdings ein etwas anderes Bild. Nachdem ich mich mit meinem Fahrer verständigt hatte, rasten wir bald – einer wilden Verfolgungsjagd gleich – durch Straßen, die von

Schlaglöchern übersät waren. An jeder größeren Gabelung stießen wir auf ungeordnete Kreisverkehre voller Autos, Lieferwagen, Fahrräder und Fußgänger, die sich alle in einem Abstand von nur wenigen Zentimetern ihren Platz erkämpften. Mittendrin stand ein einzelner Polizist mit einer AK-47 auf einer kleinen Betoninsel und überwachte das Ganze.

Diese Polizisten waren nicht das einzige Anzeichen dafür, dass ich mich jetzt in einem Kriegsgebiet befand. Bewaffnete afghanische Soldaten in grün-braunen Tarnuniformen patrouillierten auf den Straßen. Nahezu jedes der heruntergekommenen Wohnhäuser und Gebäude wurde von mindestens drei Meter hohen Backsteinmauern geschützt und mit Stacheldraht umringt. Alles war mit Dreck überzogen. Die Einwohner Kabuls schienen damit aber keine größeren Probleme zu haben. Verschleierte Frauen unterhielten sich mit Verkäufern, deren kleine Buden den schmutzigen, müllbeladenen Weg säumten, und feilschten mit ihnen um die Preise von Obst und Gemüse. Männer in Gruppen von zwei bis drei Leuten – meist waren die älteren traditionell gekleidet, während viele der jüngeren westliche Jacken und Hosen trugen – bahnten sich ihren Weg durch den dichten Verkehr.

Am Ende hielten wir vor dem verschlossenen Eingangstor der bescheidenen Unterkunft unserer NGO. Ich wurde den Mitarbeitern vorgestellt und bald darauf zu einem Treffen mit den Mitgliedern einer anderen NGO gerufen. Sie planten, das Land zu verlassen, und wollten wissen, ob *Morning Star* ihre medizinische Einrichtung weiterführen würde. Es war spannend zu hören, was alles an medizinischer und sonstiger Hilfe für das afghanische Volk geleistet wurde – und wie viel mehr Hilfe noch nötig war.

Eine der Anwesenden an diesem Morgen war die dreißigjährige Cheryl Beckett, ursprünglich aus Ohio, die seit fünf Jahren bei der Nahrungsverteilung und medizinischen Versorgung der Afghanen half. Damals ahnte ich nicht, dass wir im Laufe der bevorstehenden Einsätze Freunde werden würden – oder dass sie siebzehn Monate später als eine von zehn freiwilligen Helfern ermordet werden würde, den Berichten zufolge von den Taliban, auf dem Weg zurück von einem Hilfseinsatz.*

Am nächsten Morgen lernte ich Rafiq kennen, Leiter von drei Gemeinschaftszentren der NGO. Sollte ich wirklich bei *Morning Star* anfangen, würde ich eng mit diesem Mann zusammenarbeiten. Also hoffte ich, einen guten Eindruck zu hinterlassen. Rafiq war ungefähr eins achtzig groß, anders als die meisten Afghanen glatt rasiert und trug Hemd und Jeans. Wir saßen im Wohnzimmer der Mitarbeiterunterkunft und plauderten. Ich erfuhr, dass Rafiq Anfang dreißig und ein geachteter Angehöriger seines Stammes in den östlichen Provinzen des Landes war. Beruflich konnte er einiges vorweisen: einen Abschluss in Medizin und ein Berufspraktikum im Gesundheitswesen. Er liebte seine Frau und seine drei Kinder.

Mir fiel auf, dass sich seine Geschichte kaum von meiner unterschied. Ich schämte mich dafür, dass ich stillschweigend erwartet hatte, mein Gegenüber habe einen engen Horizont, sei wenig gebildet und verstünde wenig vom Weltgeschehen. Rafiq hingegen war intelligent und kompetent, sprach fließend Englisch und liebte seine Arbeit. Er machte eine so herausragende Arbeit, dass eine internationale Organisation in Afghanistan ihn später für das, was er in den armen Gegenden des Landes leistete, für den Friedensnobelpreis 2013 vorschlagen würde. Es sollte nicht das letzte Mal sein, dass ich in diesem überraschenden Land mein vorgefertigtes Bild korrigieren musste.

Am selben Nachmittag lernte ich Rafiqs Fahrer und Assistent Farzad kennen. Er war Ende vierzig, gut zehn Zentimeter kleiner

---

* Zu dem Anschlag bekannten sich mehrere Talibangruppen.

als Rafiq und entsprach schon eher dem Bild eines typischen Afghanen – mit Vollbart und im *Salwar Kamiz*, der traditionellen Kleidung, die aus einem langen, weiten Hemd und Hosen besteht, deren weiter Schnitt mich an einen Schlafanzug erinnert. Farzad begrüßte mich mit einem »Hallo, wie geht es Ihnen?«, was so ziemlich das Einzige war, was er in meiner Sprache sagen konnte. Er hatte immer ein Lächeln auf den Lippen, war überaus liebenswürdig und beugte sich auf der Straße zu jedem vorbeizottelnden Hund hinunter.

Nach ein paar Tagen verließ ich zum ersten Mal den Stadtkern. Anlass dazu war die Einweihung des Gemeinschaftszentrums in Pul-i-assim. *Morning Star* hatte von den Stammesältesten der Region die Erlaubnis erhalten, dieses Zentrum zu eröffnen, um den Menschen einen Ort für medizinische Versorgung, Schulungen und Ausbildung zu bieten. Das Angebot richtete sich an über fünfzig umliegende Dörfer, in denen auch viertausend Kinder lebten. Als wir Kabul hinter uns ließen, erwartete ich, eine vom Krieg gezeichnete Landschaft zu sehen. Abgesehen von einigen Patrouillen der Afghanischen Nationalarmee wies jedoch nichts auf einen Konflikt hin. Stattdessen boten sich mir Bilder von Weizen- und Reisfeldern sowie Plantagen von Aprikosen-, Pflaumen- und Apfelbäumen. Wir befanden uns immer noch auf dem befestigten Abschnitt der Schnellstraße von Kabul nach Dschalalabad, als unser Fahrer abbremste. Was uns auf der Straße entgegenkam, sah aus wie eine braune Staubwolke auf Millionen Beinen. Wir ließen die Fenster herunter. Fasziniert betrachtete ich die wettergegerbten Männer mit dem großen Tuch um den Kopf, die mit ihren Wanderstäben Hunderte von Schafen langsam an uns vorbei Richtung Kabul trieben. Von diesen Nomaden, die man als *Kuchis** bezeichnet, gibt es mehr als zwei Millionen in

* Persisch für Nomade; ausgesprochen »Kudschi«.

Afghanistan. Sie werden von ihren Landsleuten verehrt, weil sie die jahrhundertealte Lebensweise der Afghanen pflegen. Ihren Lebensunterhalt verdienen sie durch das Halten und Verkaufen von Schafen, Ziegen, Eseln und auch Kamelen.

Danach gelangten wir in ein Dorf mit einstöckigen Lehmgebäuden zu beiden Seiten der Straße. Die Häuser – oder eher Hütten – waren aus Schlamm und luftgetrockneten Ziegeln aus Sand, Lehm, Wasser, Reisig und Dung errichtet worden. Viele dieser Wohnungen besaßen eine Öffnung, die als Ladenfront diente. Die Bewohner versuchten, die Aufmerksamkeit der Passanten zu erlangen und ihnen Kleinigkeiten wie Kekse, Früchte, Wasser oder Süßigkeiten zu verkaufen. Im selben Dorf zwang uns ein Fußballspiel, das mitten auf der Straße stattfand, beinahe zum Anhalten. Kinder im Alter zwischen zwölf und gerade einmal zwei Jahren kickten ein zusammengeschnürtes Stoffbündel über das Pflaster. Manche trugen Sandalen, einige spielten barfuß. Sie hielten inne und musterten uns genau, als wir vorbeifuhren. Dann nahmen sie das Spiel unvermittelt wieder auf. Bald darauf verlor sich der Straßenbelag. Die Schotterpiste, die zum Zentrum führte, war von weiteren einstöckigen Ziegelhäusern umgeben, die auf der braunen Hügellandschaft verstreut waren. Jedes Gebäude war hinter einer Mauer aus Steinen und Schlamm verschanzt.

Endlich kamen wir an. Das Gemeinschaftszentrum bestand aus einem einstöckigen Klinikgebäude aus Ziegelstein und Beton, einem Schulungsgebäude und einem kleinen landwirtschaftlichen Grundstück. Die Klinik war fünf Jahre zuvor mit NATO-Fördermitteln finanziert und erbaut worden, während das Schulungsgebäude kürzlich mit der Unterstützung von Partnerorganisationen von *Morning Star* fertiggestellt worden war.

Zur Einweihungsfeier fanden sich über hundert Gäste im Hof des Grundstücks ein. Während Vertreter der NGO und der lokalen Behörden einander mithilfe eines Megafons ihren Dank aussprachen, stand ich am Rande der Menge. Am Morgen hatte ich die Bekanntschaft mit einem Ortsansässigen gemacht und ihm erzählt, dass ich ursprünglich aus Indien käme. Nun begann dieser sympathische Bursche, mit mir in einer Mischung aus Hindi und Urdu zu sprechen, zwei Sprachen, die mir einigermaßen vertraut waren. Er war kleiner als ich, Anfang zwanzig, und wahrscheinlich war er ein Paschtune aus der Grenzregion zu Pakistan. Offensichtlich mochte er mich. Er teilte mir einige seiner Pläne für die Zukunft mit, darunter auch ein Bildungsaufenthalt in Indien. Wieder einmal musste ich mir eingestehen, dass ich Afghanistan und seine Bewohner falsch eingeschätzt hatte. Ich hatte erwartet, Männer und Frauen zu treffen, die nach Jahrzehnten des Krieges perspektivlos geworden waren. Stattdessen stand ein junger Mann voller Träume für die Zukunft vor mir.

Nach der Feier begaben sich viele von uns in den Garten eines der Dorfbeamten. Dort machte Rafiq mich auf einen älteren Herrn aufmerksam, der schwer atmete. Von mir als dem ausländischen Arzt erwartete man, eine Lösung parat zu haben. Also bot ich ihm eine kurze Untersuchung an. Als ich ihn mit meinem Stethoskop abhörte, stellte ich Verschleimungen in seiner Lunge fest. Ich verordnete ihm ein leicht erhältliches Medikament, riet ihm zu einer Dampfbehandlung und empfahl ihm, sich vor dem Zubettgehen die Brust mit einer Salbe einzureiben. Wie sich herausstellte, war der Mann der Vater des örtlichen Polizeichefs. Beide Männer waren sehr freundlich und wertschätzend und bedankten sich immer wieder. Mein Aufwand war minimal gewesen, aber für sie war es mehr medizinische Zuwendung, als sie gewohnt waren. Ich war ermutigt. Wenn sogar eine so oberflächliche Untersuchung und ein bisschen zusätzliche Aufmerksamkeit solche Auswirkungen haben konnten, könnte ich vielleicht hier tatsächlich etwas bewirken.

Nach diesen zwei Wochen hatte ich keine Zweifel mehr, dass

ich meine Bestimmung gefunden hatte. Die Menschen Afghanistans hatten mein Herz erobert. Ich teilte Daniel mit, dass ich bereit sei, mich ihnen anzuschließen.

Im Zuge der folgenden Reisen freundete ich mich mehr und mehr mit Afghanistan an. In meiner Stellung als ärztlicher Direktor konnte ich unterrichten, Patienten behandeln und an der Ausarbeitung unserer langfristigen Projekte mitwirken. Es war eine sinnvolle und bereichernde Arbeit. Ich lernte die Mitarbeiter der NGO kennen, hingegebene Männer und Frauen aus dem In- und Ausland. Rafiq und Farzad gehörten zu denen, die zu engen Freunden werden sollten.

In Afghanistan war ich am richtigen Ort, und die meisten Menschen, denen wir dienten, nahmen unsere Hilfe dankbar in Anspruch. Dennoch war nicht zu übersehen, dass es auch andere Ansichten gab. Je weiter wir uns von Kabul entfernten und in ländliche Gegenden gelangten, in denen der Einfluss der Aufständischen größer war, desto häufiger sahen wir die weiße Flagge der Taliban, mal neben einem Bombenkrater, mal auf einer Bergkuppe. Warnend zeigten sie an, dass wir jetzt »ihr« Territorium betreten hatten.

Einmal befand ich mich mit einem einheimischen Kollegen auf einer Autofahrt in die östlichen Provinzen, um mir dort ein Bild der medizinischen Versorgung zu machen. Er wandte sich mir zu und sagte auf Englisch: »Diese Gegend ist nicht ungefährlich. Wenn wir an einen Kontrollpunkt kommen, dann sag besser nichts. Halte einfach den Mund.«

Kurz darauf näherten wir uns einem Posten der Afghanischen Nationalarmee. Eine Eisenschranke versperrte uns den Weg. Ein Soldat in Tarnuniform trat mit seiner AK-47 aus einer unbedachten Schutzkonstruktion aus Backsteinen am Rande der Straße. »Was wollt ihr hier?«, fragte er, als wir anhielten. Wie mir mein

Kollege geraten hatte, überließ ich ihm das Sprechen. Von den Regierungskräften sollte eigentlich keine Gefahr ausgehen, doch ich hatte die Anwesenheit der Taliban in der Region schon zur Genüge beobachten können. Oft konnte man bei einem Fremden nicht sicher sein, auf welcher Seite er stand. Wir durften weiterfahren, aber es war einer der wenigen Momente, in denen ich mich in dem Land, das ich so liebte, unwohl fühlte.

An nichts von alledem dachte ich, als mein Flieger am 29. November 2012 auf dem Internationalen Flughafen von Kabul landete. Ungeduldig hatte ich auf diesen Moment gewartet. Ein Problem mit meinem Visum hatte mich eine Woche länger als geplant in Chicago festgehalten und meine Ankunft verzögert. Jetzt wollte ich endlich wieder an die Arbeit.

Mein erster voller Arbeitstag hielt jedoch eine ganz andere Aufgabe für mich bereit. Ich hatte eingewilligt, Teil einer Jury bei einem Diskussionswettbewerb der Hochschule zu sein. Mehr als zwanzig Teams traten gegeneinander an, durchschnittlich sechs Studenten pro Gruppe. Sie debattierten über Themen wie Freiheit und Freiheitsrechte in Afghanistan, die Rechte der Frau in der muslimischen Tradition und das Recht auf Bildung.

Ich hörte mir an, wie die Studenten ihre Standpunkte vertraten, und war beeindruckt von ihrer Sprachkompetenz und ihrem gegenseitigen Respekt. Ein junger Mann fesselte meine Aufmerksamkeit besonders. Ajmals Auftreten war elegant, seine Kleidung modisch. Ich schätzte ihn auf etwa neunzehn Jahre. Er trug enge Jeans und ein kariertes Hemd. Er war glatt rasiert und hatte sein dunkles Haar nach hinten gegelt. Am meisten faszinierte mich, wie er die englische Sprache beherrschte und wie leidenschaftlich er sich für die Belange einsetzte, die die nächste Generation in diesem Land bestimmen würden. Jedes Wort war genau platziert, und jedes Argument logisch und klar.

Wenn das die Zukunft Afghanistans ist, dann lohnt es sich, in dieses Land zu investieren.

Nach dem Diskussionswettbewerb verbrachte ich mit Rafiq einen Tag mit Planungen in unserer Basis in Kabul und drei Tage bei einem unserer Teams in einer Provinz im Nordosten. Dort unterrichtete ich eine Lehreinheit über ganzheitliche Gesundheit und genoss die Gemeinschaft mit den Direktoren unseres Führungskräfteseminars. Am 4. Dezember kehrte ich nach Kabul zurück. Tags darauf waren Rafiq, Farzad und ich um sechs Uhr morgens schon auf der Autobahn. Gegen neun bogen wir in die Einfahrt des Gemeinschaftszentrums in Pul-i-assim ein. Über zwanzig Mütter aus den Dörfern der Umgebung hatten sich schon mit ihren Kindern im Eingangsbereich und vor der Klinik eingefunden. Einige waren eine halbe Stunde bis hierher gelaufen, andere hatten fünf Stunden Fußweg hinter sich.

Ich schaute zu Beginn kurz bei dem hiesigen Arzt und seinen Patienten vorbei. Später hörte ich Miriams Vortrag über Ernährung. Hier war mir die wissbegierige junge Mutter mit ihren drei Kindern aufgefallen, von der ich eingangs berichtete und die mir noch einmal bewusst machte, wie wichtig unsere Arbeit war.

Später am Vormittag legten Rafiq und ich eine Pause ein. Wir verließen den Klinikkomplex und begaben uns in die karge Schönheit der Landschaft – südöstlich Schichten über Schichten brauner Hügel, durchsetzt mit grünen und gelben Flecken spärlicher Vegetation; südlich ein fruchtbares Tal mit Plantagen voller Aprikosenbäume, Weizen- und Reisfelder.

Plötzlich fiel mein Blick auf eine kleine Gruppe Männer, die das Tal in unsere Richtung durchschritten. Sie waren schätzungsweise eine halbe Stunde von uns entfernt. Zwei von ihnen trugen längliche Gegenstände, die wie Waffen aussahen. Heute Morgen hatte die örtliche Polizei uns über die Anwesenheit von Taliban auf der anderen Seite des Tals informiert und uns zur Vorsicht geraten. Wir wollten noch am selben Tag unsere Arbeit abschließen und vor Einbruch der Nacht nach Kabul zurückkehren. Ich war nicht sonderlich beunruhigt, denn ich vertraute den Leuten um mich herum und den Sicherheitsmaßnahmen, die wir getroffen hatten.

Aber ich war natürlich neugierig und wandte mich an Rafiq: »Was meinst du, was diese Männer wohl hier suchen?«

»Vielleicht sind sie von den Taliban oder Mudschaheddin* und sammeln in den Dörfern die *Zakat* ein.«

Die Meinung der Dorfbewohner über die Taliban war geteilt. Manche sahen in ihnen schlichtweg hingegebene Muslime, die sich streng an das islamische Gesetz hielten. Ja, sie verehrten die Aufständischen regelrecht. Andere waren weniger enthusiastisch.

Von Zeit zu Zeit kamen die Taliban in ihre Dörfer und forderten die Zahlung der *Zakat* – nach islamischer Überlieferung ist das der Brauch, den »Notleidenden« das zu geben, was Allah ihnen zugedacht hatte. Diese Leute gaben den bewaffneten Kämpfern Nahrungsmittel und Geld, obwohl sie selbst kaum genug hatten, um ihre Familien zu ernähren. Ich nehme an, dass die meisten eher aus Einschüchterung und Angst spendeten als aus Überzeugung. Mir schien es eher eine Form von Erpressung zu sein als religiöse Praxis.

Ich ärgerte mich über das Verhalten dieser jungen Männer, die sich bewusst für den Aufstand entschieden hatten und dafür Almosen verlangten. Das war ungerecht. Ich fragte mich, wann dieses Treiben wohl ein Ende finden würde. *Morning Star* arbeitete hier schon seit sieben Jahren. Der bewaffnete Widerstand dauerte an, ebenso der Einfluss der Taliban.

---

* Arabisch für »Die in den Dschihad ziehen«, Einzahl: Mudschahed. Selbstbezeichnung muslimischer Freiheitskämpfer. [Anmerkung des Verlags]

Ich war zu versunken in diese Gedanken, um meine Unterhaltung mit Rafiq fortzusetzen. Schweigend gingen wir zum Gemeinschaftszentrum zurück. Ich warf einen Blick auf das Schulgebäude des Dorfes, das an unser Gelände angrenzte. In den vergangenen drei Jahren hatten Aufständische sowohl die Schule als auch das Gemeinschaftszentrum von den umliegenden Bergen aus angegriffen. Mehrmals waren RPGs*, raketenangetriebene Granaten, auf dem Gelände eingeschlagen und hatten Fenster zerstört. Einmal traf eine Rakete den Wasserturm auf dem Klinikgebäude. Man erklärte mir, dass die Aufständischen die Schließung der Schule bezweckten. Wie üblich lautete ihre Begründung, Mädchen benötigten keine Bildung und einige Stunden Unterricht pro Woche reichten für Jungen aus.

Mit einem Gefühl von Entmutigung kam ich in die Klinik zurück. Dennoch hatte ich den Gedanken an die Männer im Tal schnell verdrängt. Ich verließ mich auf unsere Sicherheitsvorkehrungen. Nicht im Traum dachte ich daran, dass ich den Taliban persönlich begegnen würde.

Für den späten Vormittag hatte der örtliche Polizeichef Rafiq, Farzad, den Arzt des Dorfes und mich zum Mittagessen eingeladen. Wie arm und abgeschieden ein Dorf auch sein mag – in Afghanistan gerät jedes Essen zu einem Festmahl. Im Haus des Polizeichefs saßen wir mit gekreuzten Beinen auf länglichen Polstern. Vor uns auf dem Boden war eine Ledermatte als Tischtuch ausgebreitet. Ein Junge näherte sich mit einer Stahlschüssel. Die Schüssel wurde nacheinander vor jedem von uns aufgestellt und diente als Auffangbecken für das Wasser, das über unsere

* Ursprünglich russische, dann auch englische Abkürzung für »Rutschnoi Protiwotankowy Granatomjot« beziehungsweise »Rocket Propelled Grenade«. [Anmerkung des Verlags]

ausgestreckten Hände gegossen wurde. Staub war in diesem Land allgegenwärtig, sodass diese Tradition wirklich sinnvoll war und die Gastfreundschaft der Afghanen unterstrich.

Überraschend erschienen durch die Eingangstür noch weitere Jungen, von denen jeder üppige Portionen hereintrug: das Reisgericht Pilaw, Schaffleisch und Hühnchen, Sellerieblätter, Zwiebeln und Tomaten. Alles war vom Feinsten. Gleich im Anschluss servierten unsere Gastgeber Tee und Granatäpfel.

Als ich meinen Granatapfel aufbrach und davon aß, stellte ich fest, dass mein Geschick im Umgang mit dieser Frucht zu wünschen übrig ließ. Mein T-Shirt war bald mit roten Spritzern übersät. Man hätte meinen können, ich sei gerade von einer aufwendigen OP gekommen. Die Spuren auf meiner Kleidung sahen wirklich wie Blut aus.

Nach dem Essen wechselten wir noch ein paar Worte und stiegen dann in den Hilux, um zum Gemeinschaftszentrum zurückzufahren. Ich verstand nur ganz wenig Paschtu, und es war nicht jeder Satz für mich übersetzt worden. Dennoch hatte ich mitbekommen, dass sich das Gespräch teilweise um Sicherheit gedreht hatte. Erst Monate später erfuhr ich mehr darüber, welche Fragen damals erörtert worden waren: Sollten wir auf Begleitschutz warten, bevor wir unsere Rückreise antraten? Sollten wir erst das Einverständnis des Bezirkspolizeichefs abwarten?

Zwar hatte Rafiq die Frage des Dorfpolizeichefs übersetzt: »Wollt ihr nicht über Nacht bleiben?« In Afghanistan ist es gang und gäbe, die Gäste erst für das nächste Essen und dann zum Übernachten einzuladen. Also maß ich dieser Frage keine größere Bedeutung bei. Ich brachte sie nicht in Verbindung mit Sicherheitsrisiken. Höflich lehnten Rafiq und ich seine Einladung ab. Die anderen kamen zu dem Schluss, dass die Reise über die Gebirgsstraße zurück nach Kabul für meine Mitarbeiter und mich sicher sein würde.

Gegen halb drei setzten wir den Polizeichef und den Arzt am Gemeinschaftszentrum ab, verabschiedeten uns und ließen das Dorf hinter uns. Rafiq fuhr schneller als sonst.

Meine Stimmung war nach dem Gespräch mit Rafiq über die Taliban immer noch getrübt. Es bedrückte mich, wie sie die Dorfbewohner einschüchterten und ihnen ihre wertvollen Vorräte abknöpften. Als wir während der Fahrt wieder auf die Aufständischen zu sprechen kamen, bemerkte ich: »Mensch, wenn diese Typen unbedingt an der Gemeinschaft beteiligt sein wollen, geben wir ihnen doch einfach das Gemeinschaftszentrum in ihre Obhut.« Ich meinte es nicht ernst. Mir war bewusst, dass der Fundamentalismus der Taliban eine Nation, die in den Sechzigern und Siebzigern verhältnismäßig stabil und wohlhabend war, ins Mittelalter zurückversetzt hatte. Ganz sicher wünschte ich den Menschen in den Dörfern nicht noch mehr Kontrolle durch die Taliban. Ich war einfach über die Umstände frustriert. Rafiq und Farzad sagten nichts.

Nur wenige Minuten später sollte meine Wut über diese unsichtbaren Extremisten dem Schock weichen, ihnen von Angesicht zu Angesicht gegenüberzustehen. Als die Männer mit ihren AK-47 mich den Berg hinauf zu weiteren bewaffneten Aufständischen trieben, pochte eine Frage in meinem Kopf wie ein Vorschlaghammer. Eine Frage, deren Antwort ich fürchtete.

Werde ich jetzt sterben?

FURCHT UND FRIEDEN

Mittwoch, 5. Dezember, 15.50 Uhr
Gebirgskette östlich von Kabul, Afghanistan

Niedergeschlagen folgte ich dem steilen, windigen Bergpfad und versuchte, mein Gleichgewicht zu halten. Kein leichtes Unterfangen, wenn einem die Hände auf dem Rücken zusammengebunden sind.

Vor zwanzig Minuten hatten wir den Aufstieg begonnen: Rafiq, Farzad und ich in einer Kolonne hinter den vier Taliban. Dann stießen die Männer zu uns, die ich anfangs über unseren Köpfen entdeckt hatte. Jetzt waren wir sieben zu drei in der Unterzahl. Jeder Entführer trug eine Kalaschnikow bei sich. Immer, wenn ich meinem Hintermann zu langsam lief, spürte ich seinen Gewehrlauf in meinem Rücken.

Das Wetter passte nicht zu meiner Verzweiflung. Es war ein sonniger Tag und mit gut zehn Grad angenehm kühl. Dafür war das Gelände trostlos - staubig und felsig, in den Grundtönen grau und braun. Bäume sah ich keine, nur einige niedrige Büsche, die etwas Leben in die eintönige Umgebung zu bringen versuchten. Die Bergkuppen zeichneten ein unebenes, endloses Muster auf den Horizont. Links vor uns wurde die Trostlosigkeit für einen Moment von einem Wasserloch von circa einem Meter Durchmesser unterbrochen. Rafiq, der vor mir ging, rief auf Paschtu: »Könnten wir etwas trinken?« Der Entführer, der den Hilux gefahren hatte und der Anführer zu sein schien, hob seine Hand. Alle blieben stehen. Unsere Handfesseln wurden gelöst – und so blieb es dankenswerterweise auch für den Rest unserer Gefangenschaft. Einer der Bewaffneten ging mit uns zum Wasser.

Rafiq, Farzad und einige der Entführer schöpften das kühle Wasser mit der hohlen Hand und tranken. Mein medizinisches Wissen ließ mich zögern. Ich wollte mich bei dieser Wanderung nicht auch noch mit Durchfall durch irgendwelche Parasiten herumschlagen müssen. Ich beschloss, nicht von dem Wasser zu trinken – eine Entscheidung, die ich noch bereuen sollte.

Wir gingen weiter und hielten nach ein paar Minuten wieder an. Dieses Mal wollte der Anführer meinen Rucksack ausgehändigt bekommen. Er hatte ein Messer in seinem Gürtel stecken. Die Klinge konnte ich nicht sehen, aber der Größe des Griffes nach zu urteilen musste es riesig sein. Später erfuhr ich, dass dieser Mann schon an mehreren Entführungen beteiligt gewesen war und viele seiner Gefangenen enthauptet hatte. Sein Spitzname war »der Schlächter«.

Unsere Geiselnehmer hatten meinen Rucksack gleich zu Beginn durchwühlt und ihn mir dann für den Fußmarsch zurückgegeben. Nun wollten sie diesen genauer ansehen. Mir rutschte das Herz in die Hose, als der Schlächter meinen Ausweis hervorzog. Ich hätte ihn gar nicht in die Klinik mitbringen müssen, hatte aber an diesem Morgen nicht daran gedacht, ihn in Kabul zu lassen. Meine Hoffnungen, für einen Reisenden aus Indien gehalten zu werden, verflogen. Der große Schriftzug *United States of America* neben meinem Bild war nicht zu übersehen.

Der Schlächter reichte den Pass weiter und sagte so etwas wie: »Sieh an, ein Amerikaner!« Der Mann neben ihm betrachtete den Ausweis eingehend. Zu meiner Überraschung schienen sich die Entführer jedoch mehr für eine Sammlung Familienfotos zu interessieren. Nach dem letzten Besuch meines Vaters hatte Cilicia ein kleines Album mit Bildern zusammengestellt und es mir mit auf die Reise gegeben. Nun sahen sich die Entführer jedes Bild genau an und fragten mich mit Rafiqs Übersetzung: »Ist das deine Frau? Sind das deine Kinder? Wer ist dieser Mann?«

Dieses große Interesse kann zumindest teilweise mit der afghanischen Kultur erklärt werden. Die Paschtunen sind die größte ethnische Gruppe im Land und machen knapp vierzig Prozent der Bevölkerung aus.[8] Ihre uneingeschränkte Loyalität gilt der Familie und dem Stamm. Sie sehen sich nicht zuerst als Muslime oder Afghanen, sondern als Zugehörige und Vertreter ihrer weitläufigen Familien und Stämme. In Afghanistan gilt, dass man das Wesen einer Person kennt, wenn man seine Familie kennt.

Mein Mobiltelefon hatte der Bewaffnete schon bei der ersten Durchsuchung an sich genommen. Nun, da sie meinen Ausweis herausgenommen hatten, gab mir der Schlächter meinen Rucksack zurück. Wir sollten weitergehen.

Einer unserer ursprünglichen Entführer – der große, der mit dem Anführer vorne im Hilux gesessen hatte – war bei der letzten Inspektion meines Rucksacks nicht dabei gewesen. Unterwegs zeigte er auf Rafiq und fragte mich: »Ist das der *Ferengi*[*]?«

Diese Männer hatten es wohl besonders auf mich, den Amerikaner, abgesehen. Jemand musste sie über unseren Besuch in dem Dorf informiert haben. »Nay, nay,« antwortete ich auf die Frage nach Rafiq, »Dschalalabad wallah – Der kommt aus Dschalalabad.« Damit waren unter den Entführern die letzten Zweifel darüber beseitigt, wer von uns nicht von hier war.

Nach einer halben Stunde erreichten wir eine Ebene auf dem höchsten Gipfel der Gegend. Von dort konnten wir meilenweit über die Hügel und eine Reihe von braunen Tälern blicken.

---

* Paschtu für »Ausländer«.

Die Aussicht konnte ich nicht genießen. Stattdessen hielt ich Ausschau nach einem Grundstück oder einer Hütte, nach irgendetwas, das für die Anwesenheit von menschlichem Leben gesprochen hätte. Enttäuscht musste ich feststellen, dass es nichts dergleichen dort draußen gab. Wir waren allein im Nirgendwo.

War's das? Werden sie uns jetzt erschießen und unsere Leichen den Abhang hinunterstoßen?

Stattdessen breiteten unsere Geiselnehmer eine Decke aus, setzten sich und packten *Nan* aus, das hiesige Brot. Offenbar war es Zeit für eine Pause.

Der Schlächter bedeutete Rafiq, Farzad und mir, uns ebenfalls zu setzen. Er bot jedem von uns ein Stück *Nan* an. Da wir aber noch satt waren von der Mahlzeit im Haus des Polizeichefs, lehnten wir alle höflich ab. Ich fragte mich, ob unsere Entführer nun darüber berieten, wann und wo sie sich unser entledigen könnten.

Dann war es Zeit fürs Gebet, das *Namaz*. Zwei der Männer nahmen die Tücher von ihren Köpfen und legten sie auf den Boden. Sie gingen zu viert auf die Knie, wohl in Richtung Mekka, und begannen den islamischen Ritus von Beugungen, Rezitation und Gebet.

Wut stieg in mir auf. *Wie können die nur zu Allah beten, während sie ein paar Meter weiter Geiseln mit einer Schusswaffe bedrohen? Wenn Allah gnädig und gerecht ist, wie der Koran es behauptet, wie gnädig und gerecht ist dann diese Tat?*

Ihre Hingabe an ihre religiösen Überzeugungen war offensichtlich, aber ich verstand nicht, wie dieser Glaube praktisch gelebt wurde. Diese Männer schienen eher gewillt, Leben zu nehmen als zu geben. Sie glaubten, Töten sei ihr einziger Weg zur Erlösung. Ich empfand diese Einstellung als Beispiel für einen ungesunden »Traditionalismus«, der sich von positiver »Tradition« unterscheidet. Man ahmt nur einen abgestorbenen Glauben nach, anstatt –

wenn auch inspiriert von den Vorfahren – sich einen lebendigen Glauben anzueignen.

Und doch verlangten mein eigener Glaube und meine familiäre Prägung von mir, diese Männer nicht zu verurteilen. Ich wusste nichts über ihre Hintergründe, nichts über ihre Erfahrungen, die sie an diesen Punkt gebracht hatten. So sehr ich versucht war, mich den Gefühlen von Wut und sogar Hass hinzugeben, spürte ich in diesem Moment, dass ich eine andere Haltung einnehmen musste.

Kann ich das? Kann ich Mitleid für sie empfinden oder sogar Liebe, meinen jetzigen Gefühlen zum Trotz? Ich fragte mich, ob ich überhaupt die Gelegenheit dazu bekommen würde.

Auf dem Boden sitzend, nur ein paar Meter von den Geiselnehmern entfernt, versuchte ich, so unauffällig wie möglich mit Rafiq zu sprechen. »Hast du eine Ahnung, was sie vorhaben?«

Ich konnte seine geflüsterte Antwort kaum verstehen: »Keine Ahnung.« Dann gab er mir einen Ratschlag: »Wenn sie dich fragen, ob du Christ bist, sag ihnen einfach, du bist Hindu.«

Über dieses Dilemma hatte ich noch gar nicht nachgedacht. Falls sie fragten – würde ich meinen Glauben verleugnen oder würde ich dazu stehen und vielleicht auf der Stelle hingerichtet werden? Es schien nicht der richtige Zeitpunkt zu sein, sich eingehend darüber auszutauschen. »Okay, okay«, antwortete ich flüsternd.

Als unsere Entführer ihr Gebet beendet hatten, sprachen sie einige Minuten miteinander. Dann gingen drei von ihnen einen Seitenpfad hinunter, sodass noch drei Taliban bei uns blieben. Ich bin beileibe kein gewalttätiger Mensch und habe nie irgendwelchen Kampfsport betrieben, aber ganz kurz kam mir der Gedanke, ob wir sie nicht überwältigen und fliehen könnten. Dann fiel mir ein, dass sie im Gegensatz zu uns alle Waffen trugen. Zwei der drei übrigen Geiselnehmer gehörten zu denen, die uns an der

Straße aufgelauert hatten – der große, den ich wegen seines verlorenen Gesichtsausdrucks innerlich Hoffnungslos nannte, und der stämmige, jüngere Aufständische, den die anderen als Ahmed ansprachen. Der dritte schien nun den Ton anzugeben. Seine Haut war heller als die der anderen, und seinen Arm hielt er steif von sich, als wäre er an seinem Platz eingefroren. Ihn nannten sie Haqqani, wohl weil er in Pakistan ausgebildet worden war. Vielleicht auch deswegen, weil er dem Haqqani-Netzwerk angehörte, einer Rebellengruppe, deren Lager man in Pakistan nahe der afghanischen Grenze vermutete.

Der Gründer des Netzwerkes, Dschalaluddin Haqqani, gilt als ein treuer Förderer Osama bin Ladens. Die USA sollen ihn im Krieg gegen die Sowjetunion unterstützt haben. Haqqani unterhält gute Verbindungen zu den Taliban und zu al-Qaida. Die Mitglieder seines Netzwerkes werden für mehrere Entführungen, Mordversuche und einige der dreistesten Anschläge in Afghanistan verantwortlich gemacht, darunter Angriffe auf Hotels, den Selbstmordanschlag 2008 auf die indische Botschaft in Kabul, den Angriff auf die amerikanische Botschaft 2011 und mehrere Anschläge mit Autobomben.

So gilt Haqqani als wichtiges Verbindungsglied zwischen den Taliban und der späteren al-Qaida. Osama bin Laden hatte sich Haqqani 1984 angeschlossen und ihn mit Geld und technischem Know-how unterstützt. Nachdem bin Laden 1988 al-Qaida gegründet hatte, errichtete er sein erstes Trainingslager in den Bergen der Provinz Chost in Afghanistan, an der pakistanischen Grenze nahe Haqqanis Heimat. Jahrelang beherbergten die Taliban den al-Qaida-Führer und ermöglichten der Terrororganisation Ausbildungscamps auf von ihnen kontrolliertem Gebiet.

Ich wollte mir nicht ausmalen, was der Haqqani, der jetzt bei uns war, wohl mit dieser dunklen Geschichte zu tun hatte. Wieder mussten wir weitergehen.

Schritt für Schritt für Schritt. Wenigstens war ich in guter körperlicher Verfassung. Zu Hause spielte ich gelegentlich Tennis und machte nachmittags häufig Spaziergänge in der Nähe meines Arbeitsplatzes. Dennoch konnte ich jetzt nur schwer mithalten und fiel oft hinter der Gruppe zurück – jedenfalls soweit es mir Haqqanis Gewehrkolben gestattete. Mit seiner AK-47 ließ er mich weiterhin wissen, wenn ich für seinen Geschmack zu langsam war.

Ich trug bequeme Schuhe – Wanderschuhe von *Faded Glory*, die ich bei Walmart gekauft hatte. Farzad mit seinen Tennisschuhen und Rafiq mit seinen Halbschuhen kamen gut mit. Die Taliban hatten allesamt eine gute Kondition und bewegten sich in gleichmäßigem Tempo vorwärts. Alle trugen sie Tennisschuhe, wahrscheinlich amerikanische.

Eine Minute nach der anderen verging, ein Kilometer nach dem anderen. Niemand sprach. So kam ich zum ersten Mal dazu, meine Gedanken zu ordnen, wirklich zu begreifen, wo ich war und was hier vor sich ging. Nichts hat solche Auswirkungen auf unsere Gedanken wie die Erwartung, innerhalb der nächsten Stunden oder sogar Augenblicke getötet zu werden.

Was, so fragte ich mich, *habe ich in meinem Leben bis zu diesem Zeitpunkt erreicht? Hat mein Leben Auswirkungen gehabt, an die sich außer meiner Familie und ein paar Freunden noch jemand erinnern wird? Was werde ich hinterlassen, besonders für meine Kinder?*

Ich ging in Gedanken die Gesichter meiner Familie durch: meine hübsche Cilicia, Asha, Jaron, Tobi und der kleine Eshaan. Mit meinen drei größeren Kindern hatte ich genug Zeit verbracht, um sie und ihre Persönlichkeiten zu kennen. Sie würden sich immerhin an mich erinnern, sollte ich heute sterben. Aber Eshaan?

Anders als seine Brüder war Eshaan ruhig und leise gewesen, als er geboren wurde, eher so wie seine Schwester. Von Anfang an war etwas Beruhigendes an seiner Art. Der Name, den wir für ihn ausgewählt hatten, ist ein häufiger arabischer Jungenname. Mir brachte das immer wieder meine Arbeit unter Muslimen in Afghanistan in Erinnerung. Außerdem bedeutet Eshwar in Sanskrit »Allmächtiger Gott«. Diese Namenszusammensetzung sollte uns an das Werk erinnern, das Gott in Eshaans Leben vollbringen wollte. Jetzt fürchtete ich, ich würde all das nicht miterleben.

Der Gedanke an Eshaan versetzte meinem Herz einen Stich, der mich mehr schmerzte als alles andere. Ich unterdrückte ein Schluchzen. *Eshaan, du bist noch so klein. Es tut mir leid, dass du vielleicht ohne Vater aufwachsen musst. Es tut mir so leid.*

Dieser Moment einsamer Qual war einer der tiefsten Punkte meines Lebens. Seltsamerweise wurde er aber auch zu dem Moment, in dem meine Haltung sich zu ändern begann.

Ja, ich war von den Taliban entführt worden. Ja, ich gelangte mit jedem Schritt tiefer in diese entlegene afghanische Gebirgskette, und zwar mit einer Gewehrmündung in meinem Rücken und in der Erwartung, bald sterben zu müssen. Doch ich würde nicht als Opfer sterben.

Niemand anders ist schuld an dieser Situation, sagte ich zu mir selbst. *Du hast diese Wahl getroffen. Das Risiko war dir immer bewusst. Du machst diese Arbeit nicht ohne Grund.*

Mir fiel ein, was mein Vater mir erzählt hatte, als ich noch ein Kind war. Mein Vater interessierte sich immer sehr für die Geschichte des Volkes Gottes und der Kirche. Im alten Babylonischen Reich weigerten sich drei junge jüdische Männer im Exil, in Anbetung vor einer Statue niederzufallen, die der König hatte aufstellen lassen. Als der König ihnen den Tod in einem Feuerofen androhte, antworteten sie: »Wenn unser Gott, den wir verehren, will, so kann er uns erretten; aus dem glühenden Ofen und aus deiner Hand, o König, kann er erretten. Und wenn er's nicht tun will, so sollst du dennoch wissen, dass wir deinen Gott nicht ehren und das goldene Bild, das du hast aufrichten lassen, nicht anbeten wollen.«[9] Der König ließ die drei in den Ofen werfen, aber nach einer Weile sah der König, dass alle drei unversehrt geblieben waren.

Wow! Das ist wahrer Glaube! Sie glaubten wirklich, dass Gott mit ihnen sein würde, sogar im Feuerofen. Nun, der Gott dieser drei jungen Männer ist jetzt auch mit mir auf diesem Weg. Das könnten meine letzten Stunden sein. Ich möchte am Ende mein Handeln nicht bereuen müssen. Wenn ich hier sterben muss, dann möchte ich in allem Gott ehren. Ich möchte meinen Glauben und meine Dankbarkeit auf eine Art zeigen, die einen bleibenden, guten Eindruck hinterlassen wird. Andere haben vielleicht Grund, sich zu beklagen, aber ich nicht. Ich habe so viel, wofür ich dankbar sein kann.

In Gedanken gehe ich die Höhepunkte meines Lebens durch. Meine Kindheit in einer Familie, die mich lehrte, anderen in ihrem Leben zu helfen. Umzug nach Amerika. Schul- und Universitätsabschlüsse. Meine Reisen in zahlreiche Länder und Erfahrungen in unterschiedlichen Kulturen. Meine Mitarbeit bei *Morning Star* und die Möglichkeit, den Afghanen medizinische Hilfe und Ausbildung zu bringen. Meine Heirat mit Cilicia und die Gründung einer eigenen Familie.

Das ist doch ein ziemlich gutes Leben. Ein erfülltes Leben.

Je mehr ich darüber nachdachte, desto klarer wurde mir, wie gesegnet ich war. Ich hatte immer noch Hoffnung und Frieden. Konnten meine Entführer das auch von sich behaupten? Was diese Männer wohl dachten, wenn sie mich ansahen? *Wenn ich das Buch bin, das sie lesen werden – was wird in diesem Kapitel geschrieben stehen? Was lesen sie gerade jetzt in mir? Wenn ich in diese Situation geraten bin, um ihnen einen anderen Zugang zum Leben zu zeigen – wie kann ich diesen Auftrag ausführen?*

Bestimmt nicht mit Angst, Anspannung und Unsicherheit. Ich witterte eine Herausforderung.

Während mich jeder Schritt weiter von meinem gewohnten Leben und den geliebten Menschen wegführte, war ich dankbar, dass der Gott, den ich kannte, mir Einblick in das große Ganze gewährte – dass er immer noch alles unter Kontrolle hatte und dass er immer noch einen Auftrag für mich hatte, sogar in diesen Stunden, die meine letzten sein könnten. Mir ging es gut. Sogar hier, jetzt, war es mir möglich, Frieden zu finden.

Die Sonne sandte ihre letzten Strahlen und warf unebene Schatten auf unseren Weg, und mir ging eine weitere Kindheitserinnerung durch den Kopf. Es war ein Lied, das ich Hunderte Male gesungen hatte, ohne näher über die Worte nachzudenken. Jetzt aber bedeuteten sie alles für mich. In Gedanken sang ich es immer und immer wieder, manchmal ging ich in ein anderes Lied über, kehrte aber immer wieder zu diesem einen zurück. Zweimal war ich so versunken, dass ich mir auf die Zunge beißen musste, als ich mich laut singen hörte: »*Jesus, name above all names* … – Jesus, höchster Name …«

Es wurde dunkler und ich richtete meine Augen fest auf den schmalen Pfad, um nicht zu stolpern oder hinzufallen. Mein Kopf war gebeugt, aber mein Herz war himmelwärts gerichtet.

DIE GASTFREUNDSCHAFT DER TALIBAN

Mittwoch, 19.15 Uhr

Ich hatte das Loch im Boden überhaupt nicht bemerkt. Als mein linkes Bein darin versank, war ich zu müde, um zu reagieren. Mein Knöchel knickte um. Ich stolperte, landete auf meinem linken Knie und der Hand und konnte gerade noch verhindern, kopfüber in den Dreck zu stürzen. Dabei hätte ich mich so gerne fallen lassen und wäre einfach liegen geblieben. Doch das stand nicht zur Wahl. Haqqanis Kalaschnikow schubste mich weiter, während ich mich noch aufrappelte. Vier Stunden. So lange waren wir fast ohne Pause gelaufen. Die Erschöpfung, gepaart mit den zurückgelegten Höhenmetern und den Adrenalinschwankungen angesichts der bewaffneten Entführer, machte mir sehr zu schaffen. Ich bewunderte Farzad und unsere Geiselnehmer. Sie zeigten immer noch kaum Anzeichen von Müdigkeit.

Wolken verdeckten teilweise den blassen Dreiviertelmond. Meine Augen hatten sich einigermaßen gut an die Dunkelheit gewöhnt, aber meine Beine wollten nicht mehr so recht gehorchen. Ich war schon zum zweiten Mal hingefallen, seitdem die Sonne untergegangen war. Zum Glück war meinem Knöchel nichts passiert. Und ich fühlte mich nicht mehr ganz so schlecht, als Hoffnungslos einige Minuten nach mir auch stolperte und beinahe der Länge nach zu Boden fiel.

Vor einer halben Stunde hatte ich links vor uns auf einem der Hügel ein einstöckiges Gebäude ausgemacht. Obwohl ich dort weder Licht noch Zeichen von Leben wahrgenommen hatte, wurde sofort meine Hoffnung geweckt. Was, wenn jemand die sechs Gestalten in der Dunkelheit sähe? Würde man uns anhalten und Fragen stellen? Würden sie beim Anblick der Waffen zurückschrecken oder sich trotzdem einmischen?

Leider führten unsere Geiselnehmer uns weiter in die Nacht, ohne von dem Häuschen auf dem Hügel überhaupt Notiz zu nehmen. Es war eine weitere Enttäuschung an einem Tag voller extremer Emotionen.

Bald darauf unterbrach Rafiqs Stimme die Stille. Ich hatte nicht verstanden, was er auf Paschtu gesagt hatte, aber unsere Entführer hielten an und Rafiq setzte sich nieder. Dankbar für die Verschnaufpause sackte ich neben meinem Freund zusammen. Die drei Bewaffneten setzten sich dazu. Wieder eine der seltenen Gelegenheiten, in denen ich Atem holen und meine Gedanken ordnen konnte. Es musste doch einen Zugang zu den Herzen dieser Männer geben. Wie unterschiedlich wir auch sein mochten, es musste möglich sein.

Gleich darauf schoss mir ein Gedanke durch den Kopf. Ich flüsterte Rafiq zu: »Soll ich ihnen erzählen, dass meine Kinder paschtunisches Blut haben?«

Er dachte kurz darüber nach und antwortete im Flüsterton, ohne mich anzuschauen: »Nur zu.«

Ich räusperte mich und sprach laut in die Runde: »Ich möchte, dass ihr wisst, dass ich ursprünglich aus Indien stamme. Wir sind also Nachbarn.«

Alle drei Taliban musterten mich eingehend. Ärger und Bosheit sah ich nicht in ihren Augen, aber auch nichts Ermutigendes. Ich redete weiter, und Rafiq übersetzte. »Geschichtlich betrachtet war Indien Afghanistans großer Bruder. Wären da nicht die politischen Grenzen, die die Briten vor fast hundert Jahren in diesem Gebiet gezogen haben, wären wir immer noch ein Volk.«

Keine Reaktion. Ich war froh über die Pause, die mir Rafiqs Übersetzung verschaffte. In dieser Zeit überlegte ich mir, was ich als Nächstes sagen sollte. »Ich habe außerdem das Vorrecht, dass paschtunisches Blut in meiner Familie fließt. Die Ururgroßmutter meiner Frau väterlicherseits war eine paschtunische Prinzessin, die einen Inder heiratete. Deswegen tragen meine Kinder paschtunisches Blut in sich. Ich selbst bin mehrere Male in euer Land gekommen in der Hoffnung, beim Aufbau dieser Nation behilflich sein zu können. Mein Wunsch ist es, die besondere Beziehung fortzuführen, die unsere Landsleute lange Zeit hatten.«

Meine Rede war beendet. Vergeblich wartete ich auf eine Antwort der drei Taliban. Kein Kommentar, keine Fragen. Was hatte ich erwartet? Wahrscheinlich hatte ich auf etwas gehofft wie: »Sorry, wir wussten nicht, dass du einer von uns bist. Du kannst jetzt gehen.«

Das würde wohl nicht passieren.

Aber es fühlte sich gut an, diesen Versuch einer Annäherung wenigstens gewagt zu haben. Jetzt war es an ihnen, etwas daraus zu machen.

Wir setzten unsere Reise fort, einer hinter dem anderen in der üblichen Reihenfolge: Ahmed führte den Zug an, Rafiq folgte ihm auf dem Fuß. Ein paar Meter hinter ihnen gingen Farzad und Hoffnungslos und mit etwas Abstand bildeten Haqqani und ich die Nachhut.

Mit Einbruch der Dunkelheit hatte ich die Orientierung verloren, aber unsere Entführer wussten genau, wo sie hinwollten. Unaufhaltsam näherten wir uns unserem Bestimmungsort.

Es ist interessant zu beobachten, wie das Gehirn arbeitet, wenn es Ruhe hat, sogar unter furchtbaren Umständen. Hat man erst einmal akzeptiert, dass man durch Angst die Situation nicht beeinflussen kann – in anderen Worten: sobald jegliche *Flight-or-Fight*-Reaktionen* ausgeschaltet sind – schaltet sich das parasympathische Nervensystem ein, sodass sich der Körper entspannen und Energie sparen kann.

So war es bei mir. Es war eigenartig. Obwohl ich bergauf und bergab stolperte, mit einem bewaffneten Geiselnehmer im Rücken, stellte ich fest, dass mein Herz nicht mehr wie verrückt raste. Für den Moment jedenfalls hatte ich mich damit abgefunden, dass ich sowieso nichts weiter ausrichten konnte. Es war Normalität eingekehrt. Ich dachte nicht mehr bewusst über die Gefahr nach, sondern war einfach damit beschäftigt, in der Dunkelheit einen Fuß vor den anderen zu setzen. Und den nächsten Schritt. Und den übernächsten.

Etwa eine Stunde nach meiner kurzen Ansprache wurde ich von einer Bewegung links von uns aufgeschreckt. Erstaunt stellte ich fest, dass es sich um einen Jungen handelte, vielleicht sieben Jahre alt, der gut zehn Meter vor uns unseren Weg kreuzte. Im Mondlicht konnte man eine schmale Gestalt mit wirrem dunklen Haar erkennen, von Kopf bis Fuß voller Dreck. Der Junge trug drei oder vier Laib frisch gebackenes *Nan* und einen Wasserkessel.

Wo war er hergekommen? War es ein Zufall, oder hatte man ihm gesagt, dass er zu dieser Zeit hier sein sollte? Als der Junge näher gekommen war, sagte Hoffnungslos etwas zu ihm. Ohne ein Wort überließ der Junge ihm das Brot und verschwand so schnell, wie er aufgetaucht war. Es machte mich wütend, dass die Taliban solche Macht über das Leben dieses Kindes hatten. Leider gehörte so etwas zum Alltag.

* Englisch für Flucht-oder-Kampf-Reaktion; Begriff aus der Stressforschung für Verhalten in Gefahrensituationen. [Anmerkung des Verlags]

Der Vater der Taliban-Bewegung, Mullah Omar, hatte im Krieg der Mudschaheddin gegen die Sowjetunion gekämpft. Nach der fehlgeschlagenen Besatzung und dem Rückzug der sowjetischen Truppen im Jahr 1989 versank Afghanistan in Gesetzlosigkeit und Bürgerkrieg. Eine vierzig Kilometer lange Straße führte von Omars Dorf nach Kandahar, der zweitgrößten Stadt des Landes. Eines Tages wurde er auf diesem Weg an fünf verschiedenen Straßensperren angehalten und von bewaffneten Banden ausgeraubt.

Omar war außer sich. Er berief eine *Dschirga* ein, den Ältestenrat des Stammes, mit über fünfzig religiösen Leitern aus der Region. Diese Männer schlossen sich zu einer Miliz zusammen, die das Ziel hatte, einen der Kontrollpunkte zu beseitigen. Nachdem die leicht bewaffnete Gruppe die Räuberbande verjagt hatte, ohne dass ein Schuss gefallen war, marschierten sie zur nächsten Straßensperre. Innerhalb einer Woche war die Straße von Omars Dorf nach Kandahar wieder frei befahrbar. Omar benannte seine Gruppe mit dem arabisch-persischen Wort für »Schüler« (des islamischen Weges): Taliban.

Kurz darauf soll Omar, begleitet von dreißig Männern und ausgerüstet mit sechzehn Gewehren, zwei Teenagerinnen befreit haben, die von einem Warlord entführt und vergewaltigt worden waren. Den Anführer habe man an einem Panzerrohr erhängt. Solche Ereignisse brachten der Gruppe die Unterstützung der Bevölkerung ein, die Chaos, Willkür und Gewalt leid war.

Dann behauptete Omar, im Traum gezeigt bekommen zu haben, Allah habe ihn erwählt, um Afghanistan Frieden zu bringen. Horden junger Leute, die sich bereitwillig seiner Bewegung anschlossen, ließen sich aus Madrassen – islamischen Religionsschulen – rekrutieren. Während des Krieges gegen die Sowjetunion hatten Millionen Afghanen ihre Häuser verlassen müssen. Viele von ihnen waren in Flüchtlingslagern an der afghanisch-pakistanischen Grenze untergekommen. Man lehrte die Schüler dort eine besonders strenge und starre Form des Islam. Täglich waren sie mit Eintönigkeit und Schmutz konfrontiert, mit wenig Aussicht auf Veränderung. Im Vergleich dazu schienen Omar und die Taliban ein Leben voller Abenteuer, Hoffnung und Sinn anzubieten.

Aber welche Hoffnung gab es wirklich für den Jungen, den ich soeben gesehen hatte, und seinesgleichen, wenn sie sich den Taliban anschlossen? Die Taliban haben zwar eine gewisse Ordnung in Afghanistan eingeführt, aber ihre strenge Auslegung der Scharia, ihr brutaler Umgang mit Frauen und die gewaltsame Durchsetzung ihrer Ziele hatten das Leben dort sicher nicht erträglicher gemacht. So wie es aussah, führten die neuen Konvertiten nicht etwa ein Leben in Frieden, sondern in fortwährender Aggression und ständigem Terror. Als Arzt versuchte ich, die Leute medizinisch aufzuklären. Wie sollten Entführung und Mord auch nur annähernd den Frieden fördern?

Als der Junge verschwunden war, nahm Hoffnungslos das karierte Tuch ab, das wie ein Turban um seinen Kopf geschlungen war, und breitete es über den Weg. Haqqani stellte den Wasserkessel des Jungen in die Mitte und bedeutete uns, uns zu setzen. Allem Anschein nach würde ich zumindest nicht hungrig sterben.

Die drei Taliban saßen Rafiq, Farzad und mir in dem kleinen Kreis gegenüber, sodass wir uns gut sehen konnten. Hoffnungslos wickelte das noch warme *Nan* aus dem Stofftuch, brach ein Stück ab und reichte es weiter. Nacheinander nahm sich jeder von uns ein Stück.

Nach ein paar Minuten blickte Hoffnungslos mich an und sagte mit Rafiqs Übersetzung: »Ist das nicht das beste *Nan*, das du je gegessen hast? Dieses *Nan* ist sogar besser als das, was sie in den besten Restaurants in Kabul servieren.« Ich merkte, dass Hoffnungslos sich nicht einfach unterhalten wollte. Es lag etwas Herausforderndes in seiner Stimme.

»Oh, es ist sehr gut«, antwortete ich. »Vielen Dank.« Es war wirklich gut, und ich war aufrichtig dankbar für die Pause und etwas zu essen nach dem langen Fußmarsch. Außerdem wollte ich nicht widersprechen oder irgendetwas sagen, das diese Männer beleidigen könnte.

Es war seltsam, so eng mit Talibankämpfern in diesen entlegenen Bergen zusammenzusitzen und ein beinahe freundschaftliches Gespräch zu führen. Es drehte sich nicht um Gewalt oder wie wir am besten getötet werden könnten. Unsere Entführer sprachen stattdessen über ihr Leben in den Bergen. Es hatte etwas von einem Treffen alter und neuer Freunde zum gemeinsamen Essen.

Meine Erfahrung hat mich gelehrt, dass Gastfreundschaft für uns Menschen etwas sehr Wichtiges ist. Wir sind bereit, uns richtig ins Zeug zu legen, damit unsere Gäste sich willkommen fühlen. Zur Zeit meiner Kindheit in Indien – ich war vielleicht so alt wie der Junge mit dem *Nan* – besuchten meine Eltern und ich eine Familie, deren Vater mit einer chronischen Krankheit im Sterben lag. Diese Familie besaß wenig. Sie kamen gerade so über die Runden. Während ihre Kinder uns an der Eingangstür begrüßten, verließ die Mutter das Haus durch die Hintertür. Als meine Eltern merkten, was vor sich ging, versuchten sie noch, sie aufzuhalten. Aber es war schon zu spät. Die Mutter kehrte kurz darauf mit einer Packung Gebäck zurück, das sie gekauft hatte. Obwohl sie es sich offensichtlich nicht leisten konnte, fühlte sie sich verpflichtet, uns etwas anzubieten.

In der afghanischen Kultur hat Gastfreundschaft mindestens den gleichen Stellenwert, wenn nicht sogar einen höheren – offenbar sogar bei den Taliban. Fast alle Taliban kommen aus der Volksgruppe der Paschtunen. Dieses Volk ist einem Verhaltenskodex verpflichtet, dem sogenannten *Paschtunwali*. Demnach ist die Versorgung von Gästen eine Frage der Ehre. Der Brauch schreibt vor, dass sogar einem Feind, der an der Tür um Zuflucht bittet, Schutz gewährt werden muss, als sei er ein Mitglied der Familie. Ein afghanisches Sprichwort sagt: »Ehre den Gast, mein Sohn. Selbst wenn er ein Ungläubiger ist, öffne ihm die Tür.«

Rafiq, Farzad und ich profitierten nun von dieser Praxis. Obwohl wir Gefangene waren und ich als der Amerikaner den »Feind« repräsentierte, setzten sie sich der Sitte gemäß mit uns hin und teilten das Brot mit uns. Es war ein kleiner Lichtblick, und in unserer Situation war uns jeder noch so kleine Hoffnungsfunke hochwillkommen. Als niemand hinsah, stopfte ich ein Stück *Nan* in meine Tasche. Wenn ich diese Tortur überstehen sollte, wollte ich ein Andenken an diesen Moment haben, ein Beweisstück dafür, dass ich gut behandelt worden war.

Das *Nan* stillte meinen Hunger zwar ein wenig, doch mich plagte schrecklicher Durst. Hätte ich geahnt, dass wir so lange unterwegs sein würden, hätte ich bei unserem ersten Halt mich nicht um die blöden Parasiten geschert, sondern beherzt aus dem Wasserloch getrunken. Beim Essen blickte ich erwartungsvoll auf den Wasserkessel des Jungen. Bald hob jeder der drei Taliban reihum das Gefäß an den Mund und nahm einen großen Schluck aus der weiten Öffnung. Dann reichte Ahmed es an mich weiter. Dankbar hob ich den Kessel über meinen Kopf und goss mir das Wasser vorsichtig in den Mund. Ich wollte nichts verschütten, war aber nach wie vor besorgt wegen der Parasiten und scheute mich davor, den Kessel direkt an den Mund zu setzen. Dafür wurde ich mit schallendem Gelächter und Kommentaren von meinen drei Entführern bedacht. Scheinbar amüsierten sie sich prächtig beim Anblick dieses Ausländers und seines seltsamen Trinkverhaltens. Leicht verlegen grinste ich zurück. Es war peinlich, im Zentrum des Spotts zu stehen, aber irgendwie auch ermutigend. In diesen wenigen Sekunden sahen sie mich wahrscheinlich nicht als Feind oder Besitzgegenstand an. Unerwartet war eine weitere menschliche Verbindung zustande gekommen. Obwohl es unwahrscheinlich schien, hoffte ich inständig, dass diese Männer mir auch ein Wiedersehen mit den Menschen gestatten würden, um die ich mich am meisten sorgte.

SCHLECHTE NACHRICHTEN

Mittwoch, 9.10 Uhr
Colorado Springs, Colorado

In Afghanistan ist es aufgrund der Zeitverschiebung elfeinhalb Stunden später als in Colorado. Ungefähr zur selben Zeit, als ich in Gesellschaft dreier Taliban-Entführer aus einem Wasserkessel trank, saß mein Chef, Daniel, in der Heimatzentrale bei *Morning Star* in seinem Büro am Schreibtisch, das im zweiten Stock des Gebäudes lag. Er machte sich ein paar Notizen zu Themen, die er an diesem Morgen bei der Mitarbeiterbesprechung vorbringen wollte.

Das Telefon klingelte. Roy war in der Leitung, der Verwaltungsdirektor für Kabul bei *Morning Star:* »Daniel, ich muss dir etwas mitteilen. Grace und ich hätten eigentlich heute um fünf eine Verabredung mit Dilip zum Abendessen gehabt. Wir haben von Dilip und Rafiq keine Nachricht erhalten und haben zwei Stunden lang versucht, sie zu erreichen. Eben stand dann ein Cousin von Rafiq vor der Tür. Seine Familie habe von jemandem in Pul-i-assim gehört, dass Dilip, Rafiq und Farzad von den Taliban entführt wurden.«

Daniel schloss seine Augen.

»Nichts davon ist offiziell bestätigt«, fuhr Roy fort. »Es gibt keine Erklärung von den Taliban oder jemand anderem. Es kann immer noch sein, dass sie irgendwo aufgehalten wurden und alles ein Missverständnis ist. Mehr weiß ich bisher auch nicht.«

»Okay«, sagte Daniel, »ich habe jetzt gleich eine Besprechung. Lass uns danach darüber sprechen, wie wir reagieren und einen Krisenstab zusammenstellen können.« Daniel legte auf und starrte aus dem Fenster. Durch die unbebauten Hügel und die schicken Wohnviertel dahinter, die inmitten einer Ansammlung von Gelbkiefern lagen, sah er einfach hindurch.

Was hat das zu bedeuten? War ihr Auto irgendwo liegen geblieben, wo sie keinen Handyempfang haben? Oder war ihnen kurzfristig etwas dazwischengekommen? Oder waren sie etwa wirklich entführt worden? Viele andere Möglichkeiten gab es nicht.

Daniel überlegte, ob er seine Mitarbeiter bei der Besprechung davon in Kenntnis setzen sollte. *Nein. Wir haben noch nicht genügend Informationen. Es ist noch zu früh, die Gerüchteküche in Gang zu setzen.*

Seufzend erhob er sich von seinem Schreibtisch. Wenn so etwas bei *Morning Star* passieren würde, so hatte er immer geglaubt, dann ihm selbst. Kollegen und Freunde in Todesgefahr zu wähnen, war ein schreckliches Gefühl. Seine Gedanken drehten sich bereits um das weitere Vorgehen. Aber ohne jegliche Nachrichten von den Vermissten oder ihren vermeintlichen Entführern konnte er nicht viel tun. *Ich hoffe, es geht ihnen gut. Ich kann nur hoffen, dass es ihnen gut geht.*

»WIR WERDEN DICH UMBRINGEN«

Mittwoch, 22.00 Uhr
Gebirgskette östlich von Kabul, Afghanistan

Ich konnte nicht fassen, dass wir nach fast sieben Stunden immer noch unterwegs waren. Meine Beine waren schwer wie Blei, direkt an der Schmerzgrenze. Bei unseren zweiminütigen Pausen hatte ich bemerkt, dass Rafiq außer Atem war, und sogar Haqqani konnte ich hinter mir schnaufen hören. Immerhin hatten sich meine Augen an das Mondlicht gewöhnt, sodass ich nicht andauernd stolperte.

Von uns Geiseln schien nur Farzad das straffe Tempo nichts auszumachen. Er war von uns dreien mit Abstand der fitteste. Zur Zeit der Auseinandersetzungen mit den Sowjets hatte er in der Afghanischen Nationalarmee gekämpft. Offensichtlich hatte seine Kondition seither nicht nachgelassen. Ob er versuchen würde zu fliehen? Später erfuhr ich, dass er tatsächlich nach einer Möglichkeit suchte, unsere Entführer zu überwältigen. Wenn er einen Weg finden würde, zwei von ihnen auszuschalten, war seine Hoffnung, dass Rafiq und ich uns von allein um den dritten kümmern würden.

Vor einer halben Stunde war noch einmal ein dunkles Gebäude zu sehen gewesen. Ich fragte mich, ob hier mitten in der Pampa wirklich jemand lebte. Wieder hoffte ich vergeblich, dort Licht oder irgendeine Regung ausmachen zu können. Unsere Entführer beachteten es überhaupt nicht.

Kaum zu glauben, dass wir schon wieder eine Gelegenheit zur Pause ausgelassen haben. Warum laufen wir immer noch? Wo bringen sie uns hin?

Ich hatte meinen Frieden mit Gott geschlossen, aber der endlose Marsch und unser unsicheres Schicksal machten mich körperlich und emotional fertig. Es fiel mir immer schwerer, Schritt zu halten. Plötzlich wurde das Gelände vor uns für etwa hundert Meter flacher. Als wir es jedoch betraten, musste ich feststellen, dass es alles andere als eben war. Es hatte Furchen. Ein Bauer hatte dieses Stück Land gepflügt und Feldfrüchte angepflanzt.

Jemand hatte sich ernstlich Mühe gegeben, in dieser Gegend etwas Lebendiges hervorzubringen. Mir fiel meine Unterhaltung mit Rafiq über die *Zakat* wieder ein. Es war ein Skandal, dass dieser Bauer, wer immer er auch sein mochte, wahrscheinlich einen guten Teil seiner Einkünfte an Fundamentalisten verlor. Ich fragte mich, welche Ernte wohl unter meinen Füßen lag. In manchen Fällen sollen die Taliban den Afghanen auf dem Land überhaupt keinen Anbau erlaubt haben, sofern es sich nicht um Mohn handelte. Heroin brachte eben mehr Gewinn als Getreide.

Die Temperatur in den Bergen schien in den Minusbereich gefallen zu sein. Beim Ausatmen bildete sich weißer Nebel vor meinem Mund. Aber besonders kalt war uns nicht. Wir alle, Geiseln wie Entführer, trugen den traditionellen *Salwar Kamiz*, der für sich allein keinen großen Schutz vor diesem Wetter bieten würde. Aber ich trug auch noch eine lange Unterhose und eine regenfeste Jacke mit Kapuze.

Wenn nur meine Beine durchhalten. Wie lange wird das noch so weitergehen? Wie lange wird es dauern, bis Rafiq oder ich vor Erschöpfung zusammenbrechen?

Eine weitere Stunde verging, dann noch eine. Gegen Mitternacht hielt die Gruppe vor mir plötzlich an. Rafiq, Farzad und ich setzten uns augenblicklich hin. Ahmed auch. Hoffnungslos ging noch zehn Meter weiter und stellte sich auf einen Felsvorsprung, von dem aus er das vor uns liegende Tal überblicken konnte.

»Wallakah!«, schrie er. Haqqani neben mir stimmte in das Geschrei mit ein. Erschöpft schloss ich die Augen.

Ein Schuss! Nach Stunden der Stille war der Gewehrschuss ohrenbetäubend. Bestürzt blickte ich zu Hoffnungslos auf, der mit seiner erhobenen Kalaschnikow auf dem Felsen stand.

Noch ein Schuss. »Wallakah!«

Hoffnungslos und Haqqani schossen zehn Minuten lang immer wieder in die Luft und schrien dieses eine Wort. Sicherlich wollten sie sich jemandem bemerkbar machen. War es eine Person? Eine Gruppe Taliban? Ein ganzes Dorf? Was hatten sie vor?

Das Geschrei der Taliban und meine Fragen blieben unbeantwortet. Aber ich war dankbar für die Gelegenheit, meinen müden Beinen eine Pause zu gönnen. Vor lauter Müdigkeit machte ich mir schon keine Sorgen mehr, was als Nächstes geschehen könnte. Viel zu schnell gaben unsere Entführer den Versuch auf, Kontakt zu irgendjemandem herzustellen. Die lange Reise wurde fortgesetzt. Wir waren nun seit fast neun Stunden unterwegs.

Unter anderen Umständen hätte der Anblick der in mattes weißes Mondlicht getauchten Hügellandschaft wohl ein Gefühl von friedlicher Ruhe hervorgerufen. Meine Beine fühlten sich jedoch alles andere als friedlich und ruhig an. Eher wie ein Feuer, das sich an meinen Fußsohlen entzündet hatte und sich von dort weiter in den Rest des Körpers fraß. Ich sehnte mich verzweifelt nach einem Rastplatz für die Nacht.

Immerhin lebte ich noch. Dafür war ich dankbar.

Wir kletterten einen Hang hinauf, der steiler war als die meisten bisherigen. Oben angekommen sah ich ein einstöckiges Gebäude auf dem nächsten Hügel. So wie all die anderen, die wir schon gesehen hatten, war es dunkel und regungslos und schien verlassen. Ich wollte nicht schon wieder enttäuscht werden und unterdrückte die Hoffnung, dass wir am Ziel sein könnten. Damit lag ich richtig. Wir gingen daran vorbei. Aber nach einer weiteren Viertelstunde wurde meine Selbstbeherrschung endlich belohnt. Nachdem der Weg wieder ein bisschen angestiegen war, wurde das Gelände vor uns immer flacher. Etwa hundert Meter vor und zwanzig Meter links von uns tauchte erneut eine einsame Hütte aus der Dunkelheit auf. Wieder verbot ich mir jegliche Hoffnung auf eine Pause, die dieser Anblick in mir wecken wollte.

Einen Moment später konnte ich dieses selbst auferlegte Denkverbot aufheben. Ahmed, der Erste der Schlange, wandte sich nach links und nahm Kurs auf die Behausung. War das unser Zielpunkt? Wie würde es jetzt weitergehen? Könnten wir endlich schlafen? Ein überraschender Optimismus machte sich in mir breit. Diese Männer würden mich doch nicht den ganzen Weg bis hierher bringen, nur um mich dann zu erschießen. Vielleicht würde ich am Ende doch noch einen neuen Tag erleben.

Ich fragte mich, wie spät es wohl sein mochte. Ich trug nie eine Uhr und mein Handy hatte ich nicht mehr. Vor dem Eingang angekommen warf ich einen Blick auf Ahmeds Arm. Das Mondlicht reichte gerade aus, um seine Hände und seine Armbanduhr zu erkennen: 0.30 Uhr. Dann traten wir ein. Der Raum in dieser Hütte aus Steinen und Lehm maß gerade einmal zweieinhalb mal dreieinhalb Meter. Er hatte einen offenen Eingang und direkt auf der gegenüberliegenden Seite ein Fensterloch. Links führte eine weitere Öffnung in der Wand in einen kleineren Vorraum. Das Dach bestand aus einem dichten Geflecht von Ästen und Zweigen und lag in der Mitte ungefähr drei Meter über dem Boden. Aus der dicken Staubschicht auf dem Boden schloss ich, dass lange niemand mehr hier gewesen war.

Kurz stand ich neben dem Durchgang zu dem kleineren Zimmer. Dann setzte ich mich in der Hoffnung, bald schlafen zu dürfen. Rafiq und Farzad taten das Gleiche. Durch die offene Tür und das Fenster zog es. Nach unserer anstrengenden Reise kühlten unsere Körper jetzt schnell ab. Unsere Nacht würde kalt werden.

Hoffnungslos und Ahmed verließen die Hütte und kehrten bald darauf mit Armen voll Ästen und Laub zurück. In null Komma nichts hatten sie damit in der Mitte des Raumes eine Feuerstelle geschaffen. Ich stand daneben und suchte in den Augen von Hoffnungslos nach Anzeichen von Mitleid oder Einfühlungsvermögen. Ich fand nichts dergleichen und richtete meinen Blick stattdessen auf das Feuer.

Als es zu heiß wurde, begab ich mich weiter nach hinten, zog die Kapuze meiner Jacke über meinen Kopf und lehnte mich gegen die Wand. Man hätte es fast als gemütlich bezeichnen können. Geisel hin oder her – ich war so müde, dass ich bestimmt bald einschlafen würde.

Haqqani hatte jedoch andere Vorstellungen. Wild gestikulierend beorderte er mich ans Feuer zurück. Die Hitze war unerträglich, aber ich wollte meine Entführer nicht verärgern, also musste ich mich wohl oder übel wieder zur den anderen setzen. Die drei Taliban sprachen miteinander. Ich versuchte, aus den Gesichtern von Rafiq und Farzad abzulesen, was gesagt wurde, aber ihre angespannten Mienen verrieten nicht viel.

Dann wurde die Diskussion plötzlich hitziger. Haqqani sah mich an und fuhr mit seinem Zeigefinger quer über seinen Hals. Diese Geste brauchte keine Übersetzung. Sie besprachen, wie sie ihre Geiseln umbringen würden.

Etwa eine Stunde lang saßen wir vor dem Feuer. Jedes Mal, wenn die Flammen kleiner wurden, gingen Ahmed und Hoffnungslos entweder raus, um weiteres Brennmaterial zu holen, oder rissen einige Zweige aus dem Dach, um das Feuer wieder anzufachen. Haqqani zog indessen ein Smartphone hervor und hörte sich Musik aus dem Radio an. Dann klickte er sich durch verschiedene Kanäle - manche mit Musik, andere mit Beiträgen, die ich nicht verstand.

Auf einmal reichte Haqqani das Smartphone zu Rafiq, Farzad und mir herüber. Ein Video zeigte Soldaten in NATO-Uniformen, die auf afghanische Männer einschlugen und eintraten. So ging das einige Sekunden. Dann sah man einen Mann, der Arabisch sprach. Wie ich später erfuhr, ging es um die Grausamkeit der NATO-Truppen und wie sie unschuldige Menschen töteten. Doch es ging noch weiter: Anführer der Taliban hielten Reden und man sah Aufnahmen von mehreren Beerdigungen gefallener Talibankämpfer. Die Kamera zeigte Frauen mit schwarzen Kopftüchern, die sich klagend über die Särge beugten, um die Gesichter der Toten zu küssen.

Das schlimmste und grausamste Video zeigte einen Afghanen, kaum bekleidet und schon halb tot, den man mit einem Seil an einen Laster gebunden hatte. Als der Wagen beschleunigte, wurde der Mann hinterhergeschleift und sein zuckender Körper schlug auf der staubigen Straße auf.

Natürlich empfand ich Mitleid mit den Menschen, die in diesen Szenen zu sehen waren. Ich war nicht so naiv zu glauben, dass die NATO-Truppen fehlerlos waren oder immer anständig mit ihren Gefangenen umgingen. Aber mir war auch bewusst, dass diese Videos zusammengestellt worden waren, um damit Gefühle zu manipulieren - in diesem Fall unsere. Sie wirkten wie Propaganda. Später fragte ich mich, ob einige der Szenen nicht sogar gestellt waren.

Erst einmal hatte ich jedoch das Gefühl, dass Haqqani damit auf unser Schicksal hinweisen wollte. Es war eine Art psychologische Folter, der die körperliche folgen sollte.

Haqqani hatte eine ganze Sammlung solcher Videos auf seinem Smartphone, keines länger als eine Minute. Als wir alle angesehen hatten, ging es wieder von vorne los, eine Endlosschleife. Der finsteren Ausstrahlung von Haqqanis Augen nach zu urteilen würde es diese Nacht sicher keine Pause geben. Wir mussten still sitzen und uns die erschütternden Bilder anschauen, die über das kleine Display flackerten, das Haqqani uns direkt vor die Nase hielt. So ging das Stunde um Stunde. Ahmed schloss schließlich seine Augen und schlief ein.

Ich wünschte, die Videos würden aufhören. Falls es Haqqanis Ziel war, uns emotional zu brechen, so hatte er zumindest bei mir einigen Erfolg damit. Beinahe wünschte ich mir, er möge mit der richtigen Folter beginnen, wenn ich mir nur nicht mehr die immer wiederkehrenden Bilder von Leid und Qual anschauen musste. Mehr als einmal versuchte ich wegzusehen, aber Haqqanis stechender Blick gab mir zu verstehen, dass das nicht toleriert wurde.

Nach drei Stunden der Zermürbung legte Haqqani das Smartphone endlich weg. »Siehst du, wie deine Leute uns behandeln?«, wendete er sich mit zorniger Stimme an mich. Rafiq übersetzte. »Wir behandeln euch nicht so, oder? Wir behandeln niemanden so.«

»Ihr wart gut zu uns«, sagte ich. »Danke. Ihr habt uns gut behandelt.«

Meine Antwort reichte nicht, um Haqqani zu beruhigen. Bald setzte er zu einer leidenschaftlichen Rede an, den starren Blick auf mich gerichtet. Rafiq versuchte zu übersetzen, aber Haqqani wartete nicht, bis seine Worte ankommen. Er sprach ohne Unterbrechung, fast schrie er.

»Werdet ihr auf unsere Forderungen eingehen? Wie schnell werdet ihr ihnen Folge leisten?« Zwei Sätze, die Rafiq weitergeben konnte. Ein paar Minuten später folgte dann der Satz, den ich befürchtet hatte: »Wir werden dich umbringen.«

Haqqani zeigte sich von seiner harten Seite und schien mich bewusst einschüchtern und provozieren zu wollen. Das gelang ihm auch einigermaßen – meine Gedanken und Gefühle gerieten völlig durcheinander. Aber das brauchte dieser Taliban-Anführer ja nicht zu merken. Ich war fest entschlossen, meinen Entführern nicht mit Angst oder Hass zu begegnen. Ich wollte ihr Spiel nicht mitspielen. Also nickte ich zu Haqqanis Tiraden, aber ließ mir nichts weiter anmerken und schwieg.

Trotzdem hinterließen seine Worte ihre Spuren. Das Auf und Ab meiner Gefühle hatte einen neuen Tiefpunkt erreicht.

Jetzt geht es nicht mehr länger darum, ob sie mich töten werden oder nicht. Die Frage ist nur noch, wann und wie.

GANZ GLEICH, WAS GESCHEHEN IST

Mittwoch, 14.30 Uhr
Colorado Springs, Colorado

Daniel, mein Chef, trommelte nervös mit den Fingern auf den Tisch. Um seinen Auftrag war er nicht zu beneiden.

Er befand sich in einem fensterlosen Raum in der Hauptgeschäftsstelle von *Compassion International,* wo Cilicia arbeitete. Mit ihm am Tisch saßen der Zweite Vorsitzende und Seelsorger von *Compassion,* dann Lars, der Geschäftsführer von *Morning Star,* und Anne, Daniels Frau.

Ich will das nicht tun, dachte Daniel, *ich will nicht, dass Cilicia die Nachrichten hören muss, die ich ihr bringen werde. Doch es führt kein Weg daran vorbei.*

Zur selben Zeit betrat eine Mitarbeiterin von *Compassion* das Büro meiner Frau im zweiten Stock und bat sie, ihre Arbeit zu unterbrechen und mitzukommen. Die Frau begleitete Cilicia zu dem Raum, in dem die anderen warteten.

Daniel sah die wachsende Sorge auf Cilicias Gesicht, als sie den Raum betrat, und ließ seinen Blick über die Anwesenden schweifen. *Herr, hilf mir. Lass es mich so kurz und prägnant wie möglich sagen.*

»Was machen Sie hier?«, fragte Cilicia mit großen Augen. Ihre Kollegin geleitete sie freundlich zu einem freien Platz am Tisch.

Daniel holte tief Luft: »Cilicia, ich habe heute Morgen einen Anruf aus Kabul erhalten. Dilip, Rafiq und Farzad wurden eigentlich vor ein paar Stunden von Roy zum Abendessen erwartet. Sie haben sich nicht gemeldet und sind bislang nicht aufgetaucht. Roy hat stundenlang versucht, sie telefonisch zu erreichen, aber es hat niemand abgenommen. Wir wissen nicht, wo sie sind.«

Daniel und Lars hatten vor dem Treffen vereinbart, dass sie die Aussagen von Rafiqs Cousin nicht erwähnen würden. Sie wollten Cilicia nicht unnötig mit Informationen belasten, die sich später als falsch herausstellen könnten.

Cilicia bewahrte Haltung. »Und was hat das zu bedeuten? Was machen wir?«

Cilicias Gelassenheit beeindruckte Daniel. »Es könnte bedeuten, dass sie einfach keinen Empfang haben oder dass sie irgendwo eine Panne hatten oder dass sie entführt wurden. Wir wissen es noch nicht. Was ich dazu sagen kann, ist erstens: Wir sollten das für uns behalten. Bitte sprich darüber mit niemandem, bevor wir nicht mehr wissen. Zweitens: Sobald wir etwas erfahren, geben wir dir Bescheid. Du kannst sicher sein, dass du und deine Familie in dieser Angelegenheit alle nötige Unterstützung erhalten werdet.«

Daniel konnte sehen, wie Cilicia in Gedanken die verschiedenen Szenarien durchspielte und am Ende zur schlimmsten, aber wahrscheinlichsten Schlussfolgerung gelangte. Schließlich wurde sie von der Situation überwältigt. Ihre Augen füllten sich mit Tränen.

»Das wäre im Moment alles«, sagte er leise. Er wollte diesen schmerzhaften Augenblick nicht in die Länge ziehen und stand auf. Er ging um den Tisch herum und nahm Cilicia in den Arm. »Wir werden dir zur Seite stehen«, flüsterte er, »ganz gleich, was geschehen ist.«

FORDERUNGEN

Donnerstag, 6. Dezember, 5.45 Uhr
Gebirgskette östlich von Kabul, Afghanistan

Das Feuer in unserer Hütte brannte herunter. Der derzeitige Leiter unserer Taliban-Gruppe machte sich nichts daraus. Haqqani war immer noch voll damit beschäftigt, uns einzuschüchtern. Er saß keinen Meter von mir entfernt. Sehr laut sprach er nicht, aber sein stechender Blick forderte meine uneingeschränkte Aufmerksamkeit ein.

»Warum seid ihr hier? Was treibt ihr hier? Wo arbeitet eure NGO?« Haqqani spuckte die Worte schneller aus, als Rafiq sie übersetzen konnte. Er ließ uns keine Zeit zu antworten. »So lauten unsere Forderungen.«

Jetzt kommen wir auf den Punkt. Jetzt würden wir endlich den Zweck unserer Entführung erfahren. Die Antwort war nicht überraschend: Geld. Millionen. Ich verstand zwar nicht genau, um wie viel es ging, aber es war auf jeden Fall jenseits aller realistischen Möglichkeiten.

Das war nicht gut.

Laut Rafiq sollen sie danach über einen Gefangenenaustausch gesprochen haben – uns drei gegen eine unbestimmte Anzahl von Taliban, die in dem berüchtigten Gefängnis Pul-e-Charkhi östlich von Kabul einsaßen. Auch das war nicht gut.

Das Gefängnis, in den Siebzigern errichtet, war nach der April-Revolution* von 1978 und dem darauffolgenden Krieg gegen die Sowjetunion durch Folter und Hinrichtungen der Insassen bekannt geworden.

Obwohl die USA vor Kurzem den Ausbau des Gefängnisses ermöglicht und Insassen aus dem Internierungslager in der Bucht von Guantánamo dorthin verlegt hatten, wurden die Lebensbedingungen der etwa zweitausend Häftlinge nach wie vor von Menschenrechtsorganisationen kritisiert. An dem schlechten Ruf von Pul-e-Charkhi hatte sich über die Jahre nichts verändert - wer dort reinkam, kam nur selten wieder heraus.

Diese zweite Forderung beunruhigte mich sehr. Warum überhaupt zwei Forderungen? Hieß das etwa, dass wir ins Gefängnis gesteckt würden, selbst wenn irgendjemand das Geld für unsere Freilassung aufbrächte? Oder dass uns dann Schlimmeres geschähe? Ich wollte gar nicht darüber nachdenken.

Haqqani setzte seinen Monolog fort und blickte mich mit starrem Blick an, während er verkündete, dass wir nun bald im Büro unserer NGO anrufen würden. Wenn wir ihre Forderungen nicht schnell akzeptierten, so sagte er, würden die Taliban aus Pakistan kommen und uns mitnehmen. Wenn wir seinen Anweisungen nicht sofort Folge leisteten, würden sie uns hinrichten.

»Ihr habt drei Tage, um das Geld zu beschaffen«, sagte Haqqani zu mir. Er unterstrich das mit einer weiteren Kopf-ab-Geste.

Mir zog sich bei dieser Ansage das Herz zusammen. Ich arbeitete für eine kleine gemeinnützige Organisation mit nur fünf vollzeitlichen Mitarbeitern in den USA. Wir hatten nicht Tausende,

* Staatsstreich der größten kommunistischen Partei im Land, der Demokratischen Volkspartei Afghanistan (DVPA), im April 1978, der zur Ausrufung der »Demokratischen Republik Afghanistan« führte. [Anmerkung des Verlags]

schon gar nicht Millionen von Dollar für Notfälle auf der hohen Kante liegen. Nicht anders verhielt es sich bei meiner Familie.

Afghanen, die sich amerikanische Filme und Fernsehshows ansehen, haben oft die Vorstellung, dass jeder in unserem Land Dienstpersonal hat und einen Sportwagen fährt. Natürlich ist dem nicht so. Meine Familie war nicht reich. Sie könnten nicht annähernd die Summen aufbringen, die unsere Entführer zufriedenstellen würden. Und selbst wenn sie etwas beschaffen könnten – es war Donnerstag. In Afghanistan sind die freien Tage in der Woche Donnerstag und Freitag. Von Freitagabend an würden die Banken in den Vereinigten Staaten übers Wochenende geschlossen sein.

In den kommenden drei Tagen würden diese Männer kein Geld erhalten. Es gab keine Möglichkeit, ihre Forderungen zu erfüllen. Keine einzige.

Vielleicht ist es ein Segen, dass selbst in der größten Krise praktische und alltägliche Umstände uns vorübergehend auf andere Gedanken bringen. Als Haqqani mit seinen Forderungen und Drohungen zum Abschluss gekommen war und uns Zeit gab, die möglicherweise fatalen Folgen abzuwägen, zeigten sich durch die offene Tür und das Fenster die ersten Vorboten der Dämmerung und ich verspürte ein dringendes Bedürfnis. Ich wandte mich an Rafiq, der für mich die Erlaubnis einholte, die Hütte zu verlassen. Ich hatte keine Ahnung, wo ich war, und selbst wenn ich hätte fliehen wollen, hätte ich nicht gewusst, wohin. Außerdem folgte mir Hoffnungslos mit seiner Kalaschnikow. Ich schauderte in der frostigen Morgenluft und sah mich um. Da war kein geschützter Ort, nichts als Staub und Weite. *Ob man mir wohl ein kleines bisschen Privatsphäre zugestehen wird? – Ach was, Privatsphäre! So etwas gab es hier draußen nicht.*

Ich suchte mir ein Plätzchen knapp fünfzig Meter von der Hütte entfernt. Am Abend hatte ich Hoffnungslos irgendwo dort zum Urinieren in die Hocke gehen sehen. Weil ich meine Entführer nicht verärgern wollte, versuchte ich, es genauso zu machen. Aber ich muss zugeben, dass ich mich sehr ungeschickt anstellte, da ich eine lange Hose trug und mit der Praxis nicht vertraut war.

Trotz meiner prekären Lage musste ich ein Lachen unterdrücken. *Wenn ich jetzt versagte, würde ich beim Pinkeln erschossen. Das wäre ein besonders schlechter Abgang!* Immerhin würde es schnell gehen. Ich hatte schon beschlossen, dass ich einen schnellen Tod bevorzugte, ohne Verzögerung und ohne lange Qualen erdulden zu müssen.

Zurück in der Hütte erfuhr ich, dass es wieder Zeit zum Aufbruch war. Ehe wir uns versahen, trotteten wir an diesem kalten, vernebelten Morgen weiter in das Gebirge hinein. Würde das wieder so ein Marathon werden? Ich hoffte nicht. Aber ich hatte größere Sorgen als den nagenden Schmerz in meinen Beinen.

Als wir weiter den Windungen eines Weges folgten, den nur unsere Geiselnehmer kannten, empfand ich die Stille als nervtötend. Jetzt, wo sie sich ihrem Ziel näherten, erwartete ich von ihnen, dass sie untereinander ihre Pläne besprachen und vielleicht auch mal lächelten. Aber es gab überhaupt keinen Austausch, nur diese eisige Stille.

Ich wurde die bedrohlichen Bilder von Haqqani und Ahmed nicht los, die mich ansahen und sich mit dem Finger über den Hals fuhren. Beide schienen ungeduldig darauf zu warten, mich aus der Welt zu schaffen. Andererseits hätten sie schon reichlich Zeit und Gelegenheiten gehabt, mich zu töten, aber ich war immer noch hier. Hatte heute mein letzter Tag auf Erden begonnen? Ich wusste es nicht. Ich konnte nichts anderes tun, als weiterzugehen und zu hoffen.

Etwa eine Stunde nach unserem Aufbruch tauchte am Horizont eine Silhouette auf, die wie ein zweistöckiges Lehmgebäude aussah. Rauch stieg aus dem Schornstein auf. Seit unserer Entführung war das mit Abstand das größte Gebäude, das wir zu Gesicht bekamen. Als wir uns näherten, stellte ich fest, dass es keine Fenster hatte. Ich fragte mich, ob es ein Lagerhaus sei, auch wenn ich mir nicht vorstellen konnte, was dort gelagert werden sollte. Daneben sah ich ein Rechteck aus Zement, etwa fünf Meter breit und zehn Meter lang, die Seiten einen knappen Meter hoch. Es war mit Wasser gefüllt.

Aber wir hielten nicht an. Im Vorübergehen versuchte ich, mir den Ort einzuprägen, um ihn im Falle eines Falles später beschreiben zu können. Orientierungspunkte waren in dieser verlassenen Gegend eine Seltenheit.

Wir bogen um eine Ecke. Keine fünfzig Meter weiter auf der linken Seite stand so etwas wie ein Haus oder zumindest eine feste Behausung. Zu meiner Überraschung verließen wir unseren Pfad und gingen darauf zu.

Nach der halben Strecke öffnete sich uns der Blick in ein ebenes, ödes Tal. Hundert Meter weiter gab es noch drei Bauwerke. Das größte von ihnen war circa fünfzehn Meter lang und geschlossen – ich sah weder Türen noch Fenster. Die anderen standen offensichtlich seit einiger Zeit leer. Keines besaß ein Dach, und die brüchigen Wände des einen waren teilweise nur noch etwa einen Meter hoch.

Wir näherten uns und betraten schließlich das aus Steinen, Ziegeln und Lehm erbaute Haus zu unserer Linken. Ich musste mich bücken, um durch die kleine, türlose Öffnung einzutreten, die den einzigen Ein- und Ausgang darstellte. Insgesamt gab es drei Räume, wobei aber nur der größte überdacht war. Der Raum war ungefähr sechs mal acht Meter groß und im Gegensatz zu unserem letzten Quartier vor Kurzem benutzt worden. Mehrere Matten und Decken lagen auf dem schmutzigen Boden verstreut. In einer Einbuchtung links in der Wand war eine Feuerstelle. Ein verrußter Kessel stand auf zwei Steinen neben einem Stapel angekokelten Holzes. Einige Scheite glühten noch.

Etwa in der Mitte des Raumes stützte ein Holzpfahl das strohbedeckte Dach. Es gab zwei Öffnungen in der Wand zur Belüftung, die zu klein waren, um sie als Fenster bezeichnen zu können. In der hintersten Ecke war ein Regal in die Wand eingelassen, auf dem eine Kerze, ein Schreibblock und ein in Seide gewickelter Gegenstand standen. Später erfuhr ich, dass es ein Koran war.

Der Raum schien als Ort für Treffen und Gäste instand gehalten zu werden. Schließlich fand ich heraus, dass Rafiq und Farzad darin trotz des kargen Äußeren gleich noch etwas anderes erkannt hatten: eine Moschee. Sie sagten nichts, aber sie waren verärgert. Beide dachten das Gleiche: *Wie können diese Leute sich Muslime nennen und uns an einem heiligen Ort gefangen halten?*

Unsere Entführer entfachten ein neues Feuer und setzten grünen Tee auf. Da kam plötzlich ein Mann mit einem schwarz-weiß karierten Tuch auf dem Kopf und einer Zuckerdose in der Hand durch den Eingang. Die Taliban beachteten den Bediensteten kaum. Ich lächelte ihn an. Vielleicht konnte ich einen Kontakt aufbauen. Aber scheinbar gleichgültig wandte er sich ab und verließ den Raum. Mir gefiel nicht, wie die Dinge sich entwickelt hatten. Alles schien genau geplant und durchdacht zu sein. Ich gelangte zu der Überzeugung, dass diese Leute das nicht zum ersten Mal taten.

Wir tranken gerade unseren Tee, als ein vierter Talib den Raum betrat. Ich erkannte in ihm einen unserer ursprünglichen Entführer, einen der beiden jüngeren. Er trug eine graue Weste über seinem *Salwar Kamiz*. Sein Gesicht und sein leicht gewelltes braunes Haar waren dreckverkrustet. Er hatte einen kurzen, ungleichmäßigen Bart. Seine Zähne waren schief, und von einem der Vorderzähne fehlte ein Stück.

Mir fiel besonders auf, dass er eine echte Führungspersönlichkeit war - und er hatte gleich damit begonnen, mich eingehend zu mustern. Er lächelte.

Der Neuankömmling begann ein lebhaftes Gespräch mit den anderen drei Taliban. Aus ihrer Gestik, Mimik und dem wiederkehrenden Wort »Wallakah« - dem Wort, das sie am Abend zuvor so oft geschrien hatten - schloss ich, dass der Mann wohl so hieß und dass darüber gesprochen wurde, warum er nicht aufgetaucht war. Es war kein Streitgespräch. Die anderen schienen seine Erklärung zu akzeptieren.

Etwas war anders an Wallakah. Er war sehr einnehmend und redete am meisten. Zwischendurch nahm er immer wieder kurz Blickkontakt zu mir auf. Aus irgendeinem Grund fühlte es sich nicht bedrohlich an. Manchmal lächelte er sogar und legte seine Hand auf sein Herz, als wollte er sagen: »Alles wird gut.«

Wallakah und die älteren Geiselnehmer unterhielten sich noch eine Weile, dann setzten wir uns alle wieder und tranken unseren Tee. Einer der Taliban verteilte *Nan,* das noch vom Vorabend übrig war. Das schien nicht nur für Rafiq, Farzad und mich, sondern auch für unsere Entführer ein willkommener Anblick zu sein. Ich war selbstverständlich hungrig. Das Brot war inzwischen hart geworden, aber es schmeckte, besonders wenn man es in den heißen Tee tunkte.

Als wir ausgetrunken hatten, gestikulierte Wallakah; wir sollten zum Ausgang kommen. Rafiq erklärte: »Wir machen jetzt den Anruf.«

Ich versuchte, die Sorge herunterzuschlucken, die wie bittere Galle in mir aufstieg.

Was soll ich sagen, wenn sie mich auffordern zu sprechen? Ich muss meine Worte mit Bedacht wählen. Ich möchte so viel wie möglich mitteilen, aber nichts sagen, was diese Leute verärgern könnte. Da fiel mir ein, dass keiner unserer Geiselnehmer Englisch sprach. Außer den Wörtern, die unsere Sprachen gemeinsam hatten, würden sie nichts von dem, was ich sagte, verstehen.

Alle außer Ahmed stiegen nun auf eine der umliegenden Höhen, wo der Handyempfang wahrscheinlich besser war. Ich spürte die Anspannung, hatte aber auch seit Wallakahs Ankunft eine Veränderung in der Atmosphäre wahrgenommen. Haqqani hatte mit seinen Drohungen und Handbewegungen aufgehört, vorerst zumindest. Jemand anders war jetzt der Leiter. Innerhalb kürzester Zeit waren wir auf dem Hügel angekommen. Die Taliban nannten diesen Ort den Schwarzen Berg, zweifellos deswegen, weil er mit mannshohen Büschen voll grünlich-schwarzer, mandelförmiger Nüsse bewachsen war. Während wir oben ankamen, flüsterte Rafiq mir zu: »Wenn die Verbindung steht, sag alles. Ich werde die Jungs schon beschäftigen.«

Rafiq konnte offensichtlich noch strategisch denken. Das war irgendwie tröstlich. Natürlich wünscht man niemandem, in so eine Situation zu geraten, aber ich war heilfroh, meine zwei Freunde bei mir zu wissen.

Oben angekommen wandte Wallakah sich mir zu. Jetzt gab es kein Lächeln. Jetzt ging es ums Geschäftliche.

Er reichte mir und Rafiq ein Handy. »Wir brauchen die Nummer von euren Kollegen in Kabul«, sagte Wallakah.

Ich hatte Roys Nummer auf einem Stück Papier stehen, das ich immer in meinem Rucksack hatte. Diese Frage hatte ich schon erwartet und das Papier vor dem Verlassen der Moschee aus dem Rucksack genommen und in meine Tasche gesteckt. Bevor ich es hervorholen konnte, hatte Rafiq sich schon durch die Kontaktliste des Handys gescrollt, das man ihm gegeben hatte, und Roys Nummer gefunden. Offenbar hatten sie unsere SIM-Karten in ihre Telefone eingelegt. Ich sah mir die Kontaktliste des Handys in meiner Hand an. Und tatsächlich: Ich erkannte die Namen.

Wallakah wies mich durch Rafiqs Übersetzung an: »Sprich mit ihnen. Sag ihnen, wir wollen zwanzig Millionen Dollar. Oder wir liefern euch an die pakistanischen Taliban aus. Oder wir töten euch.«

»Moment. Was soll das heißen, ›zwanzig Millionen Dollar‹?«, fragte ich. Haqqani korrigierte die Zahl: »Nein, es sind zwei Millionen Dollar.« Sie sprachen kurz miteinander, so als hätten sie eine Entscheidung zu treffen. Das ergab keinen Sinn. Meine Frustration machte mich kühn. »Also Leute, wenn ihr wollt, dass ich etwas für unsere Freilassung aushandle«, sagte ich, »dann müsst ihr euch auf einen Dollarbetrag einigen.«

Das war wirklich verrückt. Da musste ich ihnen erklären, wie man Geiseln freipresst. Nach weiterem Hin und Her wurde mir klar: Sie sprachen von Pakistanischen Rupien und ich von US-Dollar. Außerdem hatten sie sich noch nicht entschieden, wie viel sie wollten. Vielleicht waren sie doch nicht so erfahren, wie ich angenommen hatte.

Als wir die Währungsfrage geklärt hatten, bewegten sich die Forderungen zwischen drei- und fünfhunderttausend US-Dollar. Ich überzeugte sie davon, es bei den dreihunderttausend zu belassen – jedenfalls glaube ich mich zu erinnern, dass wir uns darauf geeinigt hatten. Nicht, dass es darauf angekommen wäre. Es hätten genauso gut dreihundert Millionen sein können. Ich kannte niemanden, der so viel Geld besaß.

Schließlich deutete Wallakah auf das Telefon in meiner Hand. »Okay«, sagte er, »ruf an.«

Ich hätte wahrscheinlich jeden beliebigen Menschen auf der Welt anrufen können – diese Männer hätten es kaum bemerkt. Kurz dachte ich darüber nach, Cilicia oder jemand anderen aus der Familie anzurufen, aber was sollte ich sagen?

Ich ging davon aus, dass man sich bei *Morning Star* schon fragte, was mit uns passiert war, aber ich nahm an, dass niemand etwas von unserer Entführung wusste. Wie könnte ich also Cilicia anrufen und sagen: »Ich bin entführt worden. Ich weiß nicht, ob ich das überleben werde«? Diese Last wollte ich ihr ersparen. Ich war mir auch nicht sicher, ob ich ein solches Gespräch emotional verkraften könnte. Was, wenn ich beim Klang von Cilicias Stimme zusammenbräche und nicht mehr sprechen könnte? Das würde keinem von uns weiterhelfen.

Ich beschloss, dass es besser wäre, Roy und meinen Kollegen mitzuteilen, was geschehen war. Sie würden wissen, was zu tun war. Ich wählte Roys Nummer und wartete.

»Ja, hallo?«

»Roy, hier ist Dilip. Kannst du dir vorstellen, was uns passiert ist?« Meine Worte kamen schnell, aber gefasst.

»Ja, Dilip, wir ahnen etwas.«

»Okay, ich werde dir ein bisschen mehr berichten, sodass ihr einen besseren Überblick bekommt.« Ich teilte einige Einzelheiten unserer Entführung mit, dass wir zu essen bekamen und dass wir so weit wohlauf waren.

»Werdet ihr gut behandelt?«, fragte Roy. »Gibt es Anzeichen dafür, dass sie euch etwas antun wollen?«

»Nein, noch nicht«, sagte ich, »abgesehen von Drohungen und Gesten à la Halsaufschlitzen.« Dann übermittelte ich die Forderungen unserer Entführer – und auch die Dreitagesfrist.

Ungefähr zu diesem Zeitpunkt klingelte das Handy in Rafiqs Hand. Ich hörte eine weinende Frauenstimme und mir wurde klar, dass es seine Frau sein musste.

Während ich weiter mit Roy telefonierte, sah ich, wie Wallakah zu Rafiq hinüberging, ihm das Telefon aus der Hand nahm und zu sprechen begann. Anscheinend versicherte er ihr, dass alles gut werden würde.

Einige Minuten später klingelte Rafiqs Telefon erneut. Diesmal war es Farzads Sohn. Farzad hielt seine Stimme unter Kontrolle, aber am anderen Ende der Leitung konnte ich den Schmerz und die Verzweiflung hören. Sie sprachen nicht einmal eine Minute lang miteinander.

Jetzt waren unsere SIM-Karten in Betrieb und die verzweifelten Anrufversuche unserer Familienmitglieder endlich erfolgreich. Ich versuchte, mich auf die Unterhaltung mit Roy zu konzentrieren, aber es war herzzerreißend, wie Rafiq und Farzad inmitten der tränenerstickten Stimmen ihrer Lieben unsere Notlage beschrieben. Ich dachte erneut darüber nach, Cilicia anzurufen. Wieder entschied ich mich dafür, es besser nicht zu tun.

»Dilip, weißt du, in welche Richtung ihr auf dieser langen Strecke gelaufen seid: Osten, Westen, Norden, Süden?«, fragte Roy. Ich musste gestehen, dass ich keine Ahnung hatte.

Irgendwann gab ich das Handy an Rafiq weiter. Er kam gleich zur Sache: »Sie meinen es wirklich ernst, Roy«, sagte er. »Sie bestehen darauf. Unser Leben ist in Gefahr. Das Geld sollte schnell überwiesen werden.« Rafiq gab mir das Telefon zurück.

»Dilip, ich muss dir sagen, dass das wahrscheinlich nicht in ihren Zeitvorstellungen zu machen sein wird«, sagte Roy mit ruhiger Stimme. »So etwas braucht seine Zeit. Ich weiß, dass das nicht das ist, was du hören wolltest, Bruder. Aber es ist besser für euch, wenn wir nichts überstürzen.«

»Ich weiß. Aber die meinen es ernst. Wenn wir nicht schnell reagieren, könnten sie uns etwas antun.«

»Glaub mir, wir werden alles erdenklich Mögliche tun, um euch sicher wieder zurückzubringen.« Wir vereinbarten, uns um fünf Uhr nachmittags wieder zu melden, und verabschiedeten uns.

Das war geschafft. Wir hatten Kontakt zur Außenwelt hergestellt. Zu meiner Überraschung hatten wir fast zwanzig Minuten mit Roy sprechen dürfen.

Die Aufrichtigkeit und Zuverlässigkeit in Roys Stimme hatten mich beruhigt. Ich war sicher, dass meine Kollegen, Freunde und Familie alles in Bewegung setzen würden, um uns freizubekommen. Ich wusste immer noch nicht, welches Schicksal mich erwartete, aber allein diese Verbindung zu einem Mitarbeiter und Freund hatte mich ermutigt.

Auf dem Rückweg vom Schwarzen Berg entdeckte ich halb vergraben im Dreck zwei kleine braune Stofffetzen. Ohne stehenzubleiben bückte ich mich, hob sie auf und steckte sie in meine Tasche. Niemand schien es bemerkt zu haben. Ein Teil von mir wollte sie als Erinnerungsstücke behalten. Der andere Teil dachte sich, dass sie im Notfall sehr nützlich sein könnten als Klopapierersatz.

Ich war wieder etwas optimistischer gestimmt und damit vielleicht auch etwas einfallsreicher. Anders ausgedrückt: Ich lernte, wie man sich als Geisel durchs Leben schlug.

DAS GESPRÄCH

Donnerstag, 10.00 Uhr

Das Leben als Gefangener der Taliban fühlte sich zuweilen etwas unwirklich an. Jedenfalls empfand ich es so an diesem Tag. Wir befanden uns wieder in dem mit Stroh überdachten Raum aus Ziegeln, Steinen und Lehm, den Rafiq und Farzad als Moschee erkannt hatten. Während wir drei Geiseln uns an die Wand lehnten und versuchten, uns endlich etwas auszuruhen, saßen die vier Taliban zusammen und unterhielten sich.

»Was sagen sie?«, wandte ich mich leise an Rafiq.

»Es hat nichts mit uns zu tun«, flüsterte er. »Es geht um Fragen von hier - Religion und Politik.«

Religion und Politik. Die meisten Afghanen, die ich kannte - eigentlich kann man sagen, die meisten Menschen, die ich kannte, egal, woher sie waren -, gaben gerne ihre Meinung zu diesen beiden altehrwürdigen Themen zum Besten. Was für den Rest der Welt galt, galt offenbar auch für die Taliban. Ich beobachtete, wie sie ihre Gedanken austauschten, mal mit einem Lächeln oder Lachen, mal mit ernsten Mienen.

Der Islam ist mit Abstand die verbreitetste Religion in Afghanistan. Annähernd achtzig Prozent der Leute gehören der sunnitischen Glaubensrichtung an, darunter auch die Taliban, während neunzehn Prozent sich zum schiitischen Zweig des Islam zählen.[10] Von der sunnitischen Bevölkerung vertreten die Taliban nur einen kleinen Teil (neue Schätzungen gehen von fünfundzwanzigtausend Rebellenkämpfern aus).[11] Dieser Teil praktiziert eine besonders strenge Lesart der sunnitischen Religion, die jegliche Kompromisse mit dem moderaten Islam oder traditionellen Werten ablehnt.

In der neueren Geschichte waren die afghanischen Muslime im Umgang mit religiösen Unterschieden weitgehend tolerant gewesen. Das hatte sich aber während des blutigen Bürgerkriegs in den Neunzigerjahren geändert. Der Konflikt hatte die verschiedenen Konfessionen und ethnischen Gruppen gegeneinander aufgebracht.

Als die Taliban militärische und politische Macht erlangten, hatten darunter alle zu leiden, die eine andere Meinung vertraten. Die Hazara, persisch sprechende Schiiten in Zentralafghanistan, wurden Opfer zahlreicher Massaker. Der Autor und Journalist Ahmed Rashid schrieb:

»Während die Taliban behaupten, sie kämpften einen Dschihad gegen böse, korrupte Muslime, meinen ihre Kontrahenten, dass die Berufung auf den Islam vorgeschoben und dazu missbraucht wird, alle Nicht-Paschtunen auszurotten.«[12]

Ich fragte mich, was unsere Geiselnehmer wohl besprechen mochten. Führten sie eine Unterhaltung über die zurückliegenden Auseinandersetzungen und Kämpfe? Drückten sie ihre Bewunderung für den Lebensstil der Taliban aus? Wie konnten sie eine Gesellschaftsform verteidigen, die Einschüchterung, Terror und Mord verkörperte?

Es war seltsam, nur wenige Meter von uns entfernt dieses ungezwungene Gespräch zu verfolgen und dabei nicht zu wissen, ob oder wann sie beschließen würden, auch uns zu töten.

Es muss so gegen elf Uhr an diesem Morgen gewesen sein, als der Bedienstete mit frischem *Nan* und etwas zu essen in einer Stahlschüssel zu uns zurückkehrte. Es war Zeit fürs Mittagessen.

Rafiq, Farzad und ich saßen im Schneidersitz mit unseren Entführern im Kreis. Das Hauptgericht bestand aus frisch gekochten Curry-Kartoffeln. Solch ein Gericht hätte ich auch in unserer Küche für meine Familie gekocht haben können. Das *Nan* und die Kartoffeln wurden herumgereicht und dann in unserer Mitte auf die Matte gestellt, sodass sie jeder gut erreichen konnte.

Wir aßen, und die Taliban unterhielten sich. Bald fühlte ich mich gesättigt. Wallakah sah mich an: »Hattest du genug? Bitte iss noch etwas.« Aus Höflichkeit nahm ich mir einen weiteren Schöpflöffel von dem Kartoffelgericht. Ich dachte dabei über die Bedeutung von Essen und Mahlzeiten im Zusammenleben der Kulturen nach. Sich gemeinsam mit Tee, *Nan*, Eintopf oder Curry-Kartoffeln zu stärken, schlug eine Brücke zwischen ihnen und führte zu einer entspannten, herzlichen Unterhaltung. Dieser Brauch ist so alt wie die Menschheitsgeschichte selbst. Da saßen wir und aßen genauso wie schon Menschen Jahrhunderte vor uns, und ich spürte eine schwer zu beschreibende Verbindung zu ihnen.

Mir fiel auch Haqqanis Bemerkung vom Morgen wieder ein: »Wir behandeln euch nicht so, oder? Wir behandeln niemanden so.« Es stimmte, dass wir nicht schlecht behandelt wurden. Wir erhielten regelmäßig anständige Mahlzeiten und waren tatsächlich zu jedem Essen der Taliban eingeladen. Es war keine Gier zu spüren.

In mancher Hinsicht war es ein Gegenentwurf zum westlichen Materialismus. Ich empfand abwechselnd Abscheu und Bewunderung für meine Entführer.

Als Wallakah mich noch einmal aufforderte, mehr zu essen, hob ich meine Hände und machte deutlich, dass ich mehr als zufrieden war. »Danke«, sagte ich und schaute jeden der Taliban nacheinander an, »danke für das vorzügliche Essen.«

Mit vollem Magen und nach der langen Wanderung der vergangenen Nacht und den Ereignissen vom Morgen wurde ich nun von Müdigkeit übermannt. Ich fühlte mich gerade nicht akut bedroht.

Wie Rafiq und Farzad rechts von mir lehnte ich mich zurück gegen die Wand. Haqqani setzte sich neben Farzad. Rechts von ihnen war die Feuerstelle. Ich lehnte meinen Kopf gegen die Wand und war bereit einzuschlafen.

Aber Wallakah hatte etwas anderes vor. Er lehnte sich gegen den Pfosten in der Mitte des Raumes, ungefähr anderthalb Meter von mir entfernt. Er sah mich an und sagte mit Rafiqs Übersetzung: »Kann ich dir ein paar Fragen stellen?«

Ich hatte begonnen, eine Art innerer Verbindung zu Wallakah aufzubauen. Die wollte ich jetzt, Müdigkeit hin oder her, nicht aufs Spiel setzen. Ich richtete mich auf. »Klar, auf jeden Fall. Ich werde versuchen, jede deiner Fragen zu beantworten.«

»Wo hast du deine Frau kennengelernt?«

Ich betrachtete eingehend sein Gesicht. Dort fand ich nur Neugierde, war aber noch etwas misstrauisch. Das konnte doch nicht der Mann sein, der den Abzug betätigen würde, um meinem Leben ein Ende zu setzen.

»Wir haben uns an der Uni kennengelernt«, sagte ich.

»Hast du dich sofort in sie verliebt, oder hat sich das nach und nach entwickelt?«

»Ich war sofort verliebt«, gab ich zur Antwort, »aber unsere Liebe ist seit unseres Kennenlernens immer reifer und tiefer geworden.«

Wallakah hielt sich überhaupt nicht zurück. Sobald Rafiq eine meiner Antworten übersetzt hatte, folgte schon die nächste Frage. »Liebst du sie immer noch?«

»Wir haben natürlich unsere Meinungsverschiedenheiten. Aber ich liebe sie heute mehr als je zuvor. Sie ist die einzige Frau, die ich je geliebt habe.«

Es kamen weitere Fragen, über meine vier Kinder, meinen Vater, meine Mutter und ihre Tätigkeiten, über meine Schwiegereltern, meine Tanten und Onkel und deren Kinder und ihre Werdegänge. Ich fragte mich: *Versucht er, sich einen Überblick über die finanziellen Möglichkeiten meiner Familie zu verschaffen? Will er damit zu einer Einschätzung für ein angemessenes Lösegeld kommen?*

Noch einmal musterte ich Wallakah eingehend und versuchte, seine Haltung und seinen Gesichtsausdruck zu deuten. Er lehnte sich vor und schien darauf bedacht, jedes Wort zu hören. Es lag ein gewisses Entzücken in seinen Augen. Ich hatte nicht den Eindruck, dass sich unser Gespräch um Geld drehte. Es klang eher nach echtem Interesse. Ich kam zu dem Schluss, dass er einfach die unglaublich seltene Gelegenheit nutzte, mit einem Außenstehenden zu sprechen und jemanden kennenzulernen, der ganz anders war als er selbst.

Im Laufe des Gesprächs ließ ich meinen Blick über die anderen schweifen. Rafiq und Farzad schienen gespannt zuzuhören. Haqqani lächelte tatsächlich. Ihm schien unsere Unterhaltung zu gefallen. Da war nichts mehr von seinem früheren Gebaren.

Ahmed saß links hinter Wallakah. Sein Gesicht war ausdruckslos. Ich konnte nicht sagen, ob er sich für unser Gespräch interessierte oder nicht. Links von Wallakah an der hinteren Wand saß Hoffnungslos. Für einen kurzen Moment trafen sich unsere Blicke und ich nahm wahr, dass er völlig unbeteiligt war. Ständig nestelte er an etwas herum, an seinen Schuhen oder an seiner Gebetskette. Diesmal war es seine Kalaschnikow, die auf mich gerichtet war. Ich ertappte mich bei dem Gebet, dass sich beim Reinigen kein Schuss aus dem Gewehr lösen möge. Dann wollte ich doch lieber im Freien und mit Absicht erschossen werden, als hier während einer lockeren Unterhaltung durch eine Fehlzündung zu sterben.

»Wo arbeiten deine Cousins?«, fragte Wallakah. »Warum leben sie dort?«

Ich versuchte, den Verbleib und die Beweggründe meiner weitläufigen Verwandtschaft zu erläutern. Wallakahs Fragen zeigten mir einmal mehr, dass die Taliban sich wie andere Afghanen zuallererst über ihre Familien definierten, darunter auch entfernte Verwandte und ihre Volksgruppe.

»Welche deiner Cousins stehen dir am nächsten?«

»Ich habe den engsten Kontakt zu denen, die in der Nähe leben und die ich am häufigsten sehe, aber wir versuchen, wenigstens ein- bis zweimal im Jahr alle zusammenzukommen.«

Als ich diese Frage beantwortete, sah ich, wie Ahmed feuchte Augen bekam. Ich hatte keine Ahnung weshalb. Doch ich wollte das Gespräch mit Wallakah nicht unterbrechen, um nachzufragen. Vielleicht war ihm einfach nur Staub in die Augen gekommen.

Später erzählte mir Rafiq jedoch, dass Ahmed sich bei den anderen Aufständischen beschwert hatte. »Ich wollte an keiner Entführung beteiligt sein«, hatte er zu ihnen gesagt, »ich dachte, wir würden Geld eintreiben, das man euch schuldete. Ihr habt mich belogen.« Meine Familiengeschichten hatten in ihm wohl weiteres Bedauern ausgelöst und ihm die Tränen in die Augen getrieben.

Kurz nachdem ich bei Ahmed diese Veränderung festgestellt hatte, warf mir Hoffnungslos einen finsteren Blick zu und richtete ein paar energische Worte an Wallakah und Haqqani. Sie beachteten ihn überhaupt nicht.

Zu meiner Überraschung legte Farzad einen Finger an die Lippen und sprach kurz ganz ruhig, beinahe würdevoll zu Hoffnungslos. Was immer er gesagt haben mag – Hoffnungslos nahm es ohne Kommentar und Vergeltung an.

Monate später erfuhr ich, was bei diesem Wortwechsel gesagt worden war.

Hoffnungslos: »Warum sprecht ihr mit diesem Sohn eines Esels? Lasst mich mal ran und ich mache dem ein Ende.«

Ohne Umschweife schaltete sich Farzad ein: »Scht! Über so etwas wollen wir nicht sprechen.«

Als ich das hörte, war ich froh, dass Rafiq die Worte von Hoffnungslos damals nicht übersetzt hatte.

Kurz nachdem Hoffnungslos den Wunsch geäußert hatte, den »Sohn eines Esels« aus dem Weg zu schaffen, erklärte Haqqani das Benehmen von Hoffnungslos. Er deutete auf ihn: »Er hat einen Auftrag. Er soll nächste Woche in Kabul mit eurem Wagen einen Selbstmordanschlag verüben.«

Kein Wunder, das Hoffnungslos so hoffnungslos aussah. Mit einem Mal ergaben sein Zorn und seine Gefühllosigkeit Sinn.

Ich hatte gehört, dass Schülern in einigen Madrassen beigebracht wurde, dass eine herrliche Ewigkeit für sie bereitstünde, wenn sie ihr Leben für das Töten von »Ungläubigen« einsetzten. Im Paradies würden Selbstmordattentäter von immerblauen Himmeln und Jungfrauen erwartet.

Aber aus dem Verhalten von Hoffnungslos schloss ich, dass er nicht wirklich daran glaubte. Er und andere versuchten, so zu handeln, wie es nach ihrem Glauben Gott gefiel, aber sie fanden weder Frieden noch Hoffnung. Sie schienen von Unsicherheit getrieben zu sein. Mein Geiselnehmer tat mir leid.

Wallakah schenkte Hoffnungslos immer noch keine Beachtung und stellte weitere Fragen. Nachdem wir über eine Stunde lang über meine Familie gesprochen hatten, drehte sich die Unterhaltung plötzlich um mich persönlich. »Wenn ich dir eine Waffe in die Hand gäbe – würde es dir leichtfallen, jemanden zu töten?«

Ich war über diese Frage verwundert, aber meine Antwort war klar: »Nein«, sagte ich und schüttelte den Kopf, »ich könnte mich nicht dazu überwinden, jemanden so zu verletzen. Ich bin als Arzt dazu ausgebildet worden, Leben zu retten. Mein Glaube und meine Persönlichkeit würden mir nicht erlauben, so etwas zu tun.«

Nun sagte Wallakah ebenso klar: »Ich habe viele Leute getötet. Das ist alles, was ich in meinem Leben gemacht habe – Leute töten.«

Ich hörte keinen Stolz in seinen Worten. Dann verblüffte mich dieser scheinbar kaltblütige Mörder mit der Tiefe seiner Gedanken.

Er verglich und analysierte unser Leben. »Du führst all diese humanitären Projekte durch, weil es das ist, was dein Vater und deine Familie dir von Kind auf beigebracht haben«, sagte er. »Ich handle, wie ich handle, weil mein Vater es mir so gezeigt hat. Er hat mich alles gelehrt, was ich weiß. Das ist alles, was ich meinen Vater habe tun sehen, bis ich fünf Jahre alt war – Leute töten. Dann ist er verhaftet worden, und ich habe mich den Taliban angeschlossen. Mein Vater ist vierunddreißig Jahre alt und hat die letzten vierzehn Jahre im Gefängnis Pul-e-Charkhi in Kabul verbracht.« Traurigkeit machte sich auf Wallakahs Gesicht breit, als er über seinen Vater sprach.

Nachdem seine Worte übersetzt worden waren, fügte ich selbst etwas hinzu. »Du bist neunzehn Jahre alt«, sagte ich. »Ich bin neununddreißig. Ich bin alt genug, um dein Vater sein zu können.«

Wallakah grinste. »Ich selbst bin Vater. Ich habe einen einjährigen Sohn.« Er verlor kein Wort darüber, dass sein Sohn einmal denselben Weg wie er einschlagen könnte.

Ich war verblüfft. Während unserer Unterhaltung hatte ich eine Verbindung zu diesem jungen Mann aufgebaut, einem Teenager, der deutlich älter aussah; einem Teenager, der mit eigener

Hand gewaltsam viele Leben auf dem Gewissen hatte. Wir hatten unterschiedliche Hintergründe und ich war entsetzt über die Grausamkeiten, die er begangen hatte. Dennoch hatten wir eine gemeinsame Gesprächsgrundlage in den Herausforderungen, die uns verbanden – als Ehemänner, Väter, Söhne ... und als Menschen.

Bei meinen vorigen Besuchen in Afghanistan hatte ich mich des Öfteren gefragt, was ich wohl sagen würde, wenn ich je die Gelegenheit bekommen sollte, mit einem aktiven Mitglied der Taliban zu sprechen. Angesichts ihres Fremdenhasses, besonders, wenn es um Amerikaner ging, hatte ich es für beinahe ausgeschlossen gehalten, dass sie mir überhaupt zuhören würden. Schon gar nicht könnte ich sie davon überzeugen, dass es für sie noch andere Zukunftsperspektiven und Weltanschauungen geben könnte. Jetzt wurde mir klar, dass meine eigenen Ansichten ebenso ein Hindernis für eine ernsthafte Auseinandersetzung gewesen wären. Ich hasste es, wie sie die Afghanen in den ländlichen Gegenden einschüchterten, und ich verurteilte die Gewalt, die sie gegen jeden anwandten, den sie für einen Feind hielten. Ich hatte sie als unmenschlich abgestempelt, als wilde Kannibalen, die mit dem zivilisierten Leben nichts zu tun haben wollten und die alles tun würden, um ihre eigene Lebens- und Gedankenwelt zu bewahren.

Mitten in meiner offenen Aussprache mit Wallakah wurde mir bewusst, dass das Bild vielleicht etwas vielschichtiger war.

Das waren noch nicht alle Überraschungen an diesem Tag. Wallakah stellte eingehende Fragen nach dem Leben in den USA. Weil die Taliban bekanntlich Amerika als »den großen Satan« betrachten, hatte ich das nicht erwartet. Aber vielleicht hätte mich das nicht weiter wundern sollen. Wenn ich auf meinen Reisen auf der ganzen Welt mit Leuten zusammentraf, hatte jeder irgendeine Meinung über die USA, sei sie gut oder schlecht.

Gleichzeitig waren die Leute immer neugierig. Wallakah war da scheinbar keine Ausnahme.

Nachdem ich einige Fragen über die Vereinigten Staaten beantwortet hatte, erstaunte Wallakah mich ein weiteres Mal: »Könntest du mich nach Amerika mitnehmen?«

Ich blinzelte und versuchte, meinen Schreck zu verbergen. Das war eine aberwitzige Idee, aber ich wollte ihn nicht entmutigen. »Ja, das ist möglich. Die USA haben ihre Probleme, aber es ist immer noch der beste Ort der Welt zum Leben, einfach weil man dort als Person alle Freiheiten genießen kann. Wenn Menschen diese Freiheitsrechte für das Allgemeinwohl der Gesellschaft nutzen, dann hat das überwältigend gute Auswirkungen auf den Einzelnen und die Gemeinschaft.«

Wallakah rückte näher an mich heran. Ich sah die Begeisterung in seinen Augen. »Was muss ich tun, um das möglich zu machen?«

»Du müsstest zuerst nach Kabul gehen und einen Pass und ein Visum beantragen.« Ich stellte mir vor, wie ein Mitglied der Taliban die US-Botschaft betrat und die Einreisepapiere für die Vereinigten Staaten ausfüllte.

»Ich habe das Land noch nie verlassen«, sagte er. »Ich bin noch nicht einmal in Kabul gewesen. Was würde ich in Amerika machen? Könnte ich ein neues Leben anfangen? Könnte ich mich dort ausbilden lassen?«

»Ja, es gibt dort viele Ausbildungsmöglichkeiten«, sagte ich. »Du könntest einen neuen Berufsweg anstreben und einen Neuanfang machen.«

Wallakahs Grinsen wurde immer breiter. Ich konnte das Räderwerk in seinem Kopf rattern hören. Ich fragte mich, ob er je schon mal die Gelegenheit gehabt hatte, mit jemandem über andere Möglichkeiten für sein Leben zu sprechen. Ich war beeindruckt. Es war, als würde Wallakah das offen aussprechen, was all diese

Aufständischen innerlich empfinden mussten, obwohl sie es nie zugäben – dass es im Leben mehr geben musste als die Ziele, die sie gerade verfolgten und erlebten.

Die Ironie dieser Umstände machte mich betroffen. Diese Männer hatten ihre Gewehre auf mich gerichtet und hatten die Situation voll unter ihrer Kontrolle, und dennoch lastete eine schwere Decke der Angst über ihrem Tun. Sie fürchteten den Wandel – sie wollten an dem einen Lebensweg festhalten, den sie kannten. Sie fürchteten die Fremden, von denen sie glaubten, sie kämen, um ihre Gesellschaft und deren reiche Kultur und Traditionen zu verunreinigen und zu verwässern. Sie fürchteten sich vor einem Gott, der nur darauf zu warten schien, sie beim erstbesten Fehltritt zu bestrafen.

Gleichzeitig war ich derjenige, der in die Gewehrläufe geladener Kalaschnikows blickte, derjenige, der wusste, dass sein Leben jeden Moment zu Ende sein konnte. Ich war aber auch derjenige, der hoffnungsvoll in die Zukunft blickte. Ich hegte die Hoffnung, den Segen, den ich selbst empfangen hatte, an andere weiterzugeben. Ich schöpfte Hoffnung daraus, dass ich den Afghanen grundlegendes medizinisches Wissen vermittelte und erlebte, wie das ihr Leben verbesserte. Meine Hoffnung entsprang meiner Entscheidung, meine Komfortzone zu verlassen und meinen Traum zu verwirklichen, den Unterdrückten und Vergessenen zu helfen. Ich war unter den widrigsten Umständen immer noch hoffnungsvoll, weil ich an einen Gott glaubte, der mich bedingungslos liebte.

In seiner Angst wagte einer dieser Terroristen, doch zu hoffen – auf eine Chance für einen Neuanfang, eine Chance, mehr als nur eine Killermaschine zu werden. Und vielleicht war er nicht der Einzige, denn Haqqani mischte sich nun in das Gespräch ein. »Würdet ihr mit uns in Kontakt bleiben«, fragte er, »wenn ihr wieder frei und bei euren Familien in den USA seid?«

Hatte er gerade über unsere Freilassung gesprochen? Das war ein gutes Zeichen! »Ich würde gerne mit euch beiden in Kontakt bleiben«, entgegnete ich und nickte Wallakah und Haqqani zu.

Ich wollte ihnen weiter entgegenkommen, und so nahm ich meinen Notizblock heraus und schrieb meine Handynummer auf. Es war, als wären wir im Begriff, in einem Café zu Hause um die Ecke unsere Visitenkarten auszutauschen. Halb erwartete ich, dass die beiden nun auch ein Stück Papier hervorholten und ihre Kontaktdaten aufschrieben. Doch im nächsten Moment erinnerte ich mich daran, dass sie ihre Telefone und SIM-Karten ständig wechselten, um nicht auffindbar zu sein. Natürlich hatten sie keine normale Telefonnummer. Dann fragte ich mich, ob meine Nummer vielleicht an andere Rebellen weitergegeben würde und meine Chancen auf Freilassung sanken. Ich hörte auf zu schreiben.

Wallakah lächelte immer noch. »Ich würde mich freuen, mit dir in Kontakt zu bleiben«, sagte er. Haqqani stimmte zu.

Wir hatten fast drei Stunden lang gesprochen. Wallakah beendete die Unterhaltung schließlich sehr liebenswürdig: »Danke, dass du auf alle meine Fragen so offen geantwortet hast. Du hast dich von nichts abschrecken lassen und alles mit Geduld und Freundlichkeit beantwortet. Ich möchte mich dafür herzlich bei dir bedanken.«

Ich sprach ebenfalls meinen Dank aus und lehnte mich dann gegen die Wand der Unterkunft, wo mich eine neue Welle der Erschöpfung überkam. Trotz meiner Müdigkeit gingen mir Tausende von Gedanken durch den Kopf. Wie leicht konnte man mit Vermutungen, Vorurteilen und Hass gegenüber anderen leben und jede Chance einer Beziehung ersticken? Um hier weiterzukommen, waren Einsatzbereitschaft, Hingabe und der Wunsch nach Verständigung auf menschlicher Ebene gefragt. Es erforderte Respekt, ja Liebe füreinander.

Bei Wallakah, einem Mann, den die meisten Leute wohl als Terroristen betrachten würden, hatte ich Respekt und den Wunsch nach Verständigung entdeckt. Am Morgen hatte ich mich gefragt, ob ich überhaupt zu meinen Entführern in Beziehung treten könnte, sodass sie mich nicht mehr als Feind oder Tauschware betrachteten, sondern als Mitmenschen. Jetzt war es einer von ihnen gewesen, der den ersten Schritt unternommen hatte.

Wir mussten nur über die alltäglichen Dinge sprechen, die uns alle betrafen: Familie, Beziehungen, Sehnsüchte, Liebe und Hoffnung. Das reichte aus, um unsere kulturellen und weltanschaulichen Unterschiede zu überbrücken.

Ich fragte mich nun, welchen Eindruck ich wohl bei diesen getreuen Anhängern der Mudschaheddin und Taliban hinterlassen hatte.

So ziemlich alles, was ihnen von der westlichen Zivilisation bekannt war, hatten sie vermutlich aus Film und Fernsehen. Daraus mussten sie geschlossen haben, dass alle Ausländer Ungläubige seien. Ich hoffte, dass sie nach unserem Beisammensein ihre Weltsicht überdenken würden.

Kurz darauf erhielt ich eine überraschende Bestätigung dafür, dass meine Worte und Taten wirklich Eindruck gemacht hatten. Wallakah und Haqqani hatten sich weiter unterhalten. Ich hatte natürlich keine Ahnung, was sie sagten, aber Rafiq hatte zugehört. Jetzt beugte sich mein Freund vor und flüsterte: »Wallakah hat gerade gesagt: ›Dieser Mann ist unser Gefangener, aber dennoch strahlt er Frieden aus. Er ist ein besserer Muslim als wir.‹«

Ich traute meinen Ohren kaum.

Ich hatte mich gefragt, wie meine Entführer mich wohl »lesen« würden. Nun gab es Hinweise darauf, dass sie an mir tatsächlich etwas Ungewöhnliches beobachtet hatten und zumindest darüber nachdachten, was das zu bedeuten hatte.

Und meine Entführer waren nicht die Einzigen, die lange gehegte Ansichten überdachten. Unsere Unterhaltung hatte auch mich dazu gebracht, eine neue Perspektive einzunehmen.

Wie konnte ich Wallakah für das richten, was aus ihm geworden war? Er hatte sein ganzes Leben lang nichts als Chaos und Konflikte erlebt. Von Anfang an war das Töten als sein Lebensstil vorgegeben. Ich dachte an meinen Vater, der mir mit seiner Hingabe an andere etwas ganz anderes vorgelebt hatte. In Gedanken lobte ich Wallakahs Bereitschaft, sich die Augen öffnen zu lassen.

Während er noch über der Sinnlosigkeit seines derzeitigen Lebensstils grübelte, streckte er sich schon nach mehr aus. Ich bewunderte Wallakahs Neugierde und seine Träume. Über diesen Gedanken schlief ich ein.

Vielleicht sterbe ich bald, vielleicht sogar noch heute, aber wenn, dann sterbe ich zufrieden. Ich habe meinen Auftrag erfüllt. Ich habe eine Beziehung zu einem Mitglied der Taliban aufgebaut und habe uns beiden viel zu denken gegeben – dass wir unabhängig von den Umständen im Leben immer noch die Wahl haben und dass wir trotz unserer vermeintlichen Unterschiede beide immer noch Menschen sind, die mehr gemeinsam haben, als sie denken.

BEZIEHUNGEN

Donnerstag, 15.45 Uhr

Die Atmosphäre in unserem kleinen Lager hatte sich seit dem langen Gespräch mit Wallakah spürbar verändert. Als ich nach einem dreißigminütigen Kurzschlaf aufwachte - nicht annähernd lang genug, um meine lähmende Erschöpfung wettzumachen -, kamen mir unsere Geiselnehmer beinahe vergnügt vor.

Es war Zeit für die nächste Runde Tee. Nichts verkörpert die afghanische Kultur und Tradition so gut wie das gemeinsame Grünteetrinken. Wie ich bereits bei meinen früheren Reisen in das Land erfahren hatte, geht es beim Teetrinken um mehr als nur eine Pause oder eine kurze Erfrischung. Es ist ein soziales Ereignis.

Täglich wurden Lastwagenladungen voll Teeblätter aus Pakistan nach Afghanistan gekarrt. Wann immer jemand die Zeit für einen Tee gekommen sah, was in der Regel mehrmals am Tag vorkam, wurde eine Handvoll Teeblätter in einen Kessel heißen Wassers geworfen. Bevor die Blätter ganz eingeweicht waren, goss jemand etwas von diesem schwachen Tee in ein Glas (Tassen sah man in den ländlichen Gegenden Afghanistans selten). Das war aber noch nicht zum Trinken bestimmt. Stattdessen wurde dasselbe heiße Wasser von Glas zu Glas gegossen, um so die Gläser zu »spülen«. Wenn das vollbracht war und der Tee gezogen hatte, schenkte der Gastgeber den Tee aus. Meistens bekam jeder eine reichliche Portion Zucker mit dazu. Afghanen lieben ihren Tee mit sehr viel Zucker – ein Fünftel des Glases oder mehr.

Selten war nach einem Glas Schluss. Es ging nicht in erster Linie um den Tee, sondern um die Unterhaltung, die dadurch angeregt wurde. Hausarbeiten und andere Aufgaben schienen vergessen, wenn die Anwesenden ihre Gedanken austauschten und Gemeinschaft pflegten – oft länger als eine Stunde.

Unsere Taliban-»Gastgeber« bildeten keine Ausnahme zu dieser Regel. Als wir alle wieder im Kreis saßen und die vollen Gläser in den Händen hielten, kamen die Gespräche in Gang.

Als sich schließlich sogar Hoffnungslos daran beteiligte, fragte ich mich, welches Thema wohl sein Interesse geweckt haben mochte.

Rafiq weihte mich ein. Sie besprachen unsere Entführung und analysierten, wie gut alles geklappt hatte. Dann richtete Haqqani eine Frage an Rafiq: »Was denkst du über die Entführung? Wir haben das schnell abgewickelt, oder?«

»Ja, das ging sehr schnell«, sagte Rafiq. »Mir als Fahrer blieb kaum Zeit zu reagieren. Gut gemacht.«

Mit dieser Bewertung schienen alle vier Taliban zufrieden zu sein. Manche kicherten. Sogar Rafiq und Farzad mussten lachen.

Ich lachte nicht. Mich beschäftigte die Frage, wie unsere Geiselnehmer Leute entführen und dann über ihre Entführungstechnik sprechen konnten, als wollten sie den Schwung ihrer Vorhand auf dem Tennisplatz verbessern. Ich war sogar ein bisschen sauer, dass Rafiq und Farzad sie noch ermutigten. Gut, dass mich niemand nach meiner Meinung fragte.

Gleichzeitig verstand und bewunderte ich aber, wie insbesondere Rafiq sich verhielt. In den letzten zwei Tagen hatte er unsere Geiselnehmer immer wieder in Gespräche verwickelt, einfache Fragen gestellt und manchmal Komplimente verteilt. Das verringerte die Spannung und schaffte eine Gruppenatmosphäre im Gegensatz zu diesem »wir gegen sie«.

Dann begannen meine Entführer, mich auszufragen, aber es hatte nichts mit Entführungen zu tun. Stattdessen ging es um indische Filme. Angesichts meines Hintergrunds und der historisch guten Beziehung zwischen Afghanistan und Indien war das wohl normal, aber es überraschte mich trotzdem.

»Hast du schon irgendwelche Schauspieler getroffen – Dilip Kumar, Amitabh Bachchan, Shahrukh Khan, Aamir Khan, Salman Khan, Saif Ali Khan?«

Ich schüttelte den Kopf und erklärte, dass ich nur einige südindische Filmstars getroffen hatte, die aber kaum jemand kannte.

Würden sie vielleicht auch auf Hollywoodstars zu sprechen kommen? Nein, sie blieben bei den indischen Schauspielern. Lange Zeit hatten die Afghanen die Errungenschaften des indischen Kinos genossen. Sogar zur Zeit der Talibanherrschaft gelangten Kopien dieser Filme über den Schwarzmarkt ins Land.

Ich empfand es allerdings als Ironie, dass ich mit diesen Leuten hier über Filme sprach, die bei den Taliban eigentlich verboten waren.

»Du bist ein gut aussehender Kerl – du solltest selbst in Filmen auftreten«, sagte Wallakah.

»Danke«, antwortete ich. Ich wusste das Kompliment zu schätzen, fühlte mich aber auch ein wenig seltsam dabei. Wir entwickelten hier in der Tat eine Art Kameradschaftsgeist. Das Gespräch verlief genau wie viele andere, die ich immer wieder während meiner Reisen über einer Tasse Tee mit den Dorfbewohnern geführt hatte.

Den einzigen Unterschied machte in diesem Moment Hoffnungslos, der unter seinem langen Bart weiter eine finstere Miene zog und seine Kalaschnikow säuberte, während wir sprachen. Wenigstens kannte ich jetzt den Grund für seine üble Laune.

Kurz darauf griffen Wallakah und Haqqani nach ihren Waffen und bedeuteten uns, die Unterkunft zu verlassen. Ich fragte mich, wo wir hingingen. Die Zeit konnte noch nicht reif sein für unseren Fünfuhranruf bei Roy. Uhrzeit hin oder her, wir gingen den Schwarzen Berg hinauf. Wieder zog Wallakah ein Telefon hervor. Aber statt es mir zu geben, schaute er selber eine Weile auf den Bildschirm.

»Sie scheinen heute früh den Funk unterbrochen zu haben«, sagte er. Mir war schleierhaft, wie sie das anstellten, aber die Taliban schienen in der Region das Mobilfunknetz unter ihrer Kontrolle zu haben. »Kein Empfang. Lass es uns morgen noch mal versuchen.« Während Rafiq noch übersetzte, machte Wallakah kehrt und begann, den Berg hinunterzugehen. Ein ausdrucksloser Haqqani wies uns an, ihm zu folgen. Mir nichts, dir nichts war unser Telefontermin einfach abgeblasen. Ich wunderte mich ein wenig über die Taliban. Unsere Geiselnehmer wollten ihr Geld in drei Tagen. Und jetzt nahmen sie wegen einer kleinen technischen Störung so eine Verzögerung in Kauf. Dabei schienen sie in keiner Weise erbost oder frustriert zu sein.

Mir ging auf, dass ich die Situation aus meinem westlichen Blickwinkel betrachtete. Es war zwei Tage her, dass ich meine E-Mails zuletzt abgerufen hatte. Ich war von meinen gewohnten Gerätschaften abgeschnitten worden: Smartphones, Computer, I-Pods, I-Pads, I-Sonstwas. Jetzt war uns der Handyempfang gekappt worden. Ich regte mich darüber auf, dass technisches Versagen mich davon abhielt, mit meiner Rettungsleine, die in die Außenwelt führte, Kontakt aufzunehmen. Ich erwartete von ihnen, dass sie sich ebenfalls aufregten. Aber diese Leute führten ein einfaches Leben. Sie waren nicht so abhängig von Technik und Zeitplänen. Sie waren flexibler als ein Gummiband – lief etwas anders als geplant, konnten sie das einfach so hinnehmen, ohne ein großes Drama daraus zu machen.

Ich war zwar enttäuscht, dass wir nicht telefonieren konnten, aber andererseits war ich auch erleichtert. Wenn wir bis morgen warten mussten, bis wir die Verhandlungen wieder aufnehmen konnten, würde ich wahrscheinlich noch einen Tag länger am Leben bleiben.

Nach einer weiteren Runde Tee zurück in der Unterkunft verlangte die Natur ihr Recht. Ich erhielt die Erlaubnis und Ahmed begleitete mich, vorbei an dem großen Haus mit dem Wasserbecken, das wir bei unserer Ankunft gesehen hatten, und in Richtung der beiden unbedachten, verlassenen Baracken. Ahmed deutete auf eine der baufälligen Hütten; dann lehnte er sich gegen das längliche Gebäude nebenan, von wo aus er mich immer noch sehen konnte. Ich betrat die Trümmer der Hütte, auf die er gezeigt hatte. Für einen Moment lotete ich meine Möglichkeiten aus. *Könnte ich von hier aus fliehen?*

Dann rief ich mir eine Bemerkung von Haqqani ins Gedächtnis, die er am Morgen gemacht hatte: »Ich bin froh, dass ihr gestern unterwegs keinen Fluchtversuch unternommen habt. Wenn ihr euch den Berg hättet runterrollen lassen oder losgerannt wärt, hätten wir auf euch geschossen und euch getötet.«

Nein, entschied ich. Meine Chancen, in diesen verlassenen Bergen vier Männern zu entkommen, die die Gegend kannten und Gewehre bei sich hatten, waren gleich null.

Als ich fertig war, setzte ich mich hinter der Wand nieder, um kurz für mich allein zu sein und nachdenken zu können. Nach den aufregenden und beängstigenden Ereignissen der letzten zwei Tage tat es gut, wenigstens einen Moment allein zu sein. Die gleichen Fragen, die mir zur Zeit der Entführung gekommen waren, schossen mir wieder durch den Sinn. *Werden Rafiq, Farzad und ich das überleben und unsere Familien wiedersehen? Falls nicht, wie und wann werden wir sterben?*

Ich erinnerte mich an etwas, das Roy an diesem Morgen am Telefon gesagt hatte: »Dilip, merk dir das: Sollte es einen Befreiungseinsatz geben, dann müsst ihr euch hinlegen, und zwar so, dass eure Hände gut sichtbar sind.«

Ich gab die Hoffnung nicht auf, dass wir das alles überstehen würden, aber ein Befreiungseinsatz – noch dazu ein erfolgreicher – erschien mir höchst unwahrscheinlich. Wir waren ständig von erfahrenen Männern mit Gewehren umgeben. Trotz der Verbindung, die ich zu ihnen aufgebaut hatte, waren sie immer noch Taliban und wir ihre Geiseln. Sollte wirklich ein Rettungsversuch unternommen werden, würde das eher zu einem schnellen Tod als zu einer Befreiung führen.

An der Unterkunft angekommen bemerkte ich, dass jemand im Eingangsbereich vor die Türöffnung einen Krug Wasser für mich gestellt hatte. Es tat gut, mir zum ersten Mal seit unserer Gefangennahme die Hände und das Gesicht waschen zu können. Es war eine normale alltägliche Handlung in einer Zeit, in der Normalität so selten anzutreffen war wie vierblättrige Kleeblätter.

Drinnen setzte ich mich neben Rafiq an die Wand. Unsere Geiselnehmer unterhielten sich ein paar Minuten lang. Dann wandte sich Haqqani mit höflicher Stimme an Rafiq, der neben ihm saß, und sah mich dabei an.

»Er möchte wissen«, sagte Rafiq, »ob er dich um medizinischen Rat bitten darf.«

Das war in der Tat eine außerordentliche Bitte. »Ja, natürlich.«

»Kannst du mir sagen«, fragte Haqqani, »was mit meinem Arm nicht stimmt?«

Mir war schon aufgefallen, dass Haqqani seinen linken Arm steif von sich hielt und oft seine Finger krümmte. Ich setzte mich neben ihn. Dann massierte ich seine Finger auf der Suche nach Unregelmäßigkeiten und ließ ihn jeden Finger einzeln in verschiedene Richtungen bewegen. Haqqani gab an, in zwei Fingern kein Gefühl mehr zu haben.

»Wann hat das angefangen?«, fragte ich.

»Nach einem Schusswechsel mit der afghanischen Polizei und Armee«, antwortete er wahrheitsgemäß. »Sie waren unseren Spuren gefolgt. Die Kugel steckt noch in mir.« Er zog sein Hemd nach unten, sodass ich die Narbe sehen konnte, wo die Kugel in seine Brust gedrungen war.

»Wir haben es geschafft«, fügte er mit einer Spur Stolz in der Stimme hinzu, »wir kämpften für eine gerechte Sache. Das war's wert.«

Ich wollte nicht mit ihm die Vertretbarkeit seiner Taten erörtern. Stattdessen empfahl ich ihm, weil es sich wahrscheinlich um eine Nervenlähmung handelte, einige Fingerübungen und Massagen, die langsam die Beweglichkeit verbessern und das Gefühl zurückbringen würden. Sollte es nicht besser werden, empfähle ich eine Operation, um den Schaden an den Nerven zu beheben.

Dann ging mir auf, dass eine Operation wohl kaum infrage kam. Die Taliban waren ständig unterwegs. Außerdem misstrauten sie Ärzten, Krankenhäusern und der westlichen Medizin. Es war erstaunlich, dass Haqqani es überhaupt zuließ, dass ich, ein Ausländer, ihn untersuchte.

Ich hatte während der Untersuchung Haqqanis Hand gehalten und hielt sie weiterhin, während ich Behandlungsmöglichkeiten vorschlug. Es war anzunehmen, dass dieser Mann bei seinem Lebensstil selten, wenn überhaupt je die Erfahrung machte, dass man ihn berührte, ihn versorgte oder ihm zuhörte.

Darauf folgte ein etwas verstörender Gedanke. *Moment mal. Osama bin Laden hatte seinen persönlichen Leibarzt. Was, wenn sie beschließen, mich für immer bei sich zu behalten und niemals freizulassen? Immerhin könnten sie mich gut gebrauchen.*

Haqqani hatte vielleicht meine widerstreitenden Gedankengänge geahnt. Unvermittelt zog er seine Hand zurück. Er schaute fast ein bisschen verlegen drein.

Die »Untersuchung« war abgeschlossen.

»Ich werde mir deinen Rat zu Herzen nehmen«, sagte er. Es war ein zufriedenstellender Austausch gewesen. Ich hatte die Beziehung zu dem Mann ausgebaut, der mir noch am selben Morgen mit Hinrichtung gedroht hatte. Das Gefühl von Kameradschaft war so stark, dass ich beschloss, die Gunst der Stunde zu ergreifen. Ich sah Hoffnungslos an und fragte: »Wie geht es dir?«

Er schnauzte mich weder an, noch erschoss er mich. Stattdessen nickte er mir zu und legte seine Hand auf sein Herz, als wollte er sagen: »Mir geht es gut.« Offensichtlich war er nicht bereit, sich mit seinen Geiseln anzufreunden. Aber immerhin waren wir gerade einem freundschaftlichen Umgang miteinander ziemlich nahegekommen.

Ahmed, der das alles beobachtet hatte, stand nun auf und setzte sich neben mich. Er redete mit lebhafter Stimme auf mich ein. Rafiq übersetzte das meiste, aber Ahmed benutzte ein englisches Wort, das weder Rafiq noch ich identifizieren konnten.

Ich hätte mir mehr Mühe geben sollen, denn mit einer schnellen Bewegung seiner Arme nahm Ahmed meinen Kopf in den Schwitzkasten.

Was? Hilfe!

Der Anflug von Panik legte sich schnell wieder, als ich das Gelächter hörte. Ich begriff, dass das Wort, das Ahmed hatte sagen wollen, »Ringen« war. Er hatte gefragt, ob ich Ringkämpfe mochte!

Sobald ich mich aus dem Schwitzkasten befreit hatte, gab ich zu, dass ich mit dieser Sportart nicht viel anfangen konnte. *Und außerdem bin ich zu alt, um mit einem jungen, kräftigen Kerl wie diesem zu ringen.*

Ahmed liebe Ringkämpfe, sagte Rafiq. Ahmed reckte seine Brust, um seine Stärke zu demonstrieren. Das brachte den Rest der Taliban wieder zum Lachen. Ich nickte und lächelte, womit ich ihnen beipflichtete, dass Ahmed gewiss ein ganz starker Kerl sei.

Unser Abendessen bestand aus aufgewärmtem *Nan* und einem Spinatgericht. Es erinnerte mich an den Spinat, den Cilicia öfters zu Abend zubereitete. Aber dieser hier schmeckte fade. Cilicia liebte Spinat und fügte immer etwas Butter und Knoblauch hinzu. Ich vermisste dieses Essen. Und ich vermisste meine Frau noch viel mehr.

Wallakah hatte mir erzählt, dass er einen Sohn habe. Hatte er auch eine Frau? Hatten die anderen Taliban Frauen? Und wenn, wie lebten sie?

Ich bezweifelte, dass sie ein erfülltes Leben führten. Die Taliban erwarteten von ihren Frauen, dass sie sich isolierten – sich fernhielten von Bildung, Technologie und Bekanntschaften außerhalb des Familienverbundes. Sie mussten ihre Gesichter und Körper in der Öffentlichkeit vollständig bedecken. Während der Talibanherrschaft durften sie nicht arbeiten, das Haus nicht ohne männliche Begleitung verlassen und sich nicht von einem männlichen Arzt behandeln lassen. Genau genommen hatten sie gar keine Rechte. Man hätte sie auch als Sklavinnen bezeichnen können.

In den Städten des heutigen Afghanistan begann sich die Situation für die Frauen langsam zu ändern. Sie erhielten das Wahlrecht. Einige besuchten die Schule oder nahmen eine Arbeit auf. Manche arbeiteten sogar in der Regierung mit. Die Einstellungen änderten sich, wenn auch nur langsam. Würden die Männer, mit denen ich jetzt zusammensaß, je für solch einen Wandel offen sein? Diese Diskussion musste wohl vertagt werden.

Gleich nach dem Abendessen reichten unsere Geiselnehmer Rafiq, Farzad und mir jedem eine Decke. Glücklicherweise würden wir nach fast dreißig Stunden in Gefangenschaft nun endlich wirklich schlafen dürfen. Ich suchte mir ein Plätzchen an der linken Seite des Raumes, schloss den Reißverschluss meiner Jacke und zog mir die Kapuze über. Mein guter alter Rucksack diente mir als Kopfkissen. Ich lächelte beim Anblick dieses grünen Eddie-Bauer-Beutels. Seit fast zwei Jahrzehnten war er ein treuer Begleiter auf meinen Reisen rund um die Welt. Ich hatte ihn sogar auf besondere Weise erhalten.

An meinem zwanzigsten Geburtstag hatte mich ein Freund zum Campus der University of Southern California gefahren. Angeblich sollte ich dort meine Eltern treffen. Als ich die Cafeteria der Uni betrat, wurde ich allerdings von zweihundert Freunden überrascht, die »Happy Birthday!« schrien. Meine Eltern und meine Schwester hatten diese Party wochenlang geplant, ohne sich etwas anmerken zu lassen. Von den vielen Geschenken, die ich an diesem Abend erhielt, sollte der Rucksack mir am längsten erhalten bleiben – ein Geschenk meines Freundes Richard, damals einer der Mentoren an der Uni und mein Chef.

Es war beruhigend, jetzt diesen Rucksack und die damit verbundenen Menschen und Erlebnisse vor mir zu sehen. Ich legte meinen Kopf darauf und war dankbar, etwas Greifbares zu haben, das mich an zu Hause erinnerte.

Die Wand aus Lehm und Steinen wies über mir eine dreißig Zentimeter große Öffnung auf. Von meiner Warte auf dem Boden aus konnte ich den Nachthimmel nicht wirklich sehen, aber ich konnte mir die majestätische Weite der Sterne vorstellen, die in der Dunkelheit hell funkelten. Für einen Tag unter Entführern und Mördern war dieser doch unerwartet positiv verlaufen. Es bestand noch Hoffnung.

Gott, betete ich leise, *bitte wende diese Situation zum Guten, so wie nur du es kannst.*

Als ich einschlief und meine Gedanken abdrifteten, nagte die Realität meiner Lage noch immer an mir. Ich wand mich bei dem Versuch, eine Position zu finden, in der sich kein Stein in meinen Rücken bohrte. Das Letzte, was meine Augen sahen, bevor sie sich schlossen, waren gegen die Wand und gegen den Pfahl gelehnte Kalaschnikows.

EIN ZERBRECHLICHER FRIEDE

Freitag, 7. Dezember, 6.00 Uhr

Das Morgenlicht sandte seine ersten schwachen Strahlen durch die zwei Lüftungsöffnungen und den Eingang in unseren Raum, als ich gähnend meine Augen aufschlug. Mir ging es richtig gut. *Mensch,* dachte ich, *habe ich wirklich so lange geschlafen?*

Ich war mehr als nur ausgeschlafen. Ich spürte einen unglaublichen Frieden, sowohl körperlich als auch geistig - als ob ich buchstäblich in eine Decke der Ruhe gehüllt wäre. Das Gefühl war so stark, dass ich tatsächlich meinen Arm hob und abtastete, ob da außer meiner Decke noch etwas auf mir lag.

Selbst der Gedanke an den Tod konnte meiner neuen Gelassenheit nichts anhaben.

Sollte ich heute sterben, wäre ich immer noch froh darüber, gestern solch einen Kontakt zu meinen Entführern aufgebaut zu haben. Was wäre das Schlimmste, was passieren könnte? Ich werde erschossen und begegne meinem Schöpfer etwas früher als erwartet. Damit könnte ich leben.

Ich konnte nicht wissen, dass in dieser Nacht - in Amerika war es helllichter Tag, ein Donnerstag - meine Familie, Freunde und Kollegen nach und nach von meiner misslichen Lage erfahren hatten. Viele von ihnen hatten sofort begonnen, für mich zu beten, und manche von ihnen nahmen Kontakt zu nationalen und internationalen Gebetsnetzwerken auf. Als ich aufwachte, hatten bereits Tausende Menschen auf der ganzen Welt Gott darum gebeten, Rafiq, Farzad und mich sicher aus der Gefangenschaft zu befreien. Hätte ich geahnt, was passiert war, hätte ich nichts als Demut empfunden. So wie es war, schwelgte ich einfach in der Ruhe, die mich regelrecht einhüllte.

Bin ich noch in Gefangenschaft? Ich blickte in den Raum und sah mich um. Ja, meine Entführer schliefen neben mir, ihre Kalaschnikows lagen griffbereit. Während ich mich innerlich wie neu geboren fühlte, hatte sich an den äußeren Umständen nichts geändert.

Ich ahnte nicht, dass sich tatsächlich bald einiges ändern würde. Während wir unser gewohntes Frühstück aus *Nan* und Grünem Tee zu uns nahmen, erschien wieder der Bedienstete mit dem schwarz-weiß karierten Tuch auf dem Kopf, diesmal in Begleitung eines Mannes, den ich vorher noch nicht gesehen hatte. Er war etwas älter, wahrscheinlich Mitte dreißig, und besaß einen kurzen, ordentlich gepflegten Bart. Sein *Salwar Kamiz* war völlig schwarz, einer Farbe, der man sonst eher in Pakistan oder besonders in Indien begegnet. Anders als der Bedienstete nahm er gleich Notiz von mir. Er sagte nichts, aber als er den Raum betrat, betrachtete er mich eingehend.

Nach dem Frühstück führten uns Wallakah und Haqqani auf einen nahe gelegenen Hügel. Wallakah reichte mir ein Handy. »Ruf deine Leute an!«

Diesmal erreichten wir Roy. Ich berichtete ihm, wie uns am Tag zuvor die Funkverbindung gekappt worden sei. Ich erzählte ihm auch von dem langen Gespräch und der Beziehung zu Wallakah am vergangenen Nachmittag. »Dennoch habe ich immer noch das Gefühl, dass sie in den nächsten ein bis zwei Tagen Ergebnisse sehen wollen«, sagte ich, »oder es wird etwas passieren.« Ich wollte nicht ausführen, was dieses »etwas« sein könnte.

»Dilip, das wird so schnell nicht zu bewerkstelligen sein«, antwortete Roy. »Wir brauchen Zeit.«

Was Roy nicht sagte, was ich aber zwischen den Zeilen heraushören konnte, war, dass niemand die dreihunderttausend Dollar für unsere Freilassung bezahlen würde. So viel hatte ich verstanden.

Roy stellte mich auch noch einer neuen Stimme vor: Dean. Er war ein freier Vermittler, den unsere NGO zur Beratung herangezogen hatte. Das klang gut – einen Profi an Bord zu haben, konnte nicht schaden.

Als ich aufgelegt hatte, fragte Wallakah, worüber wir gesprochen hätten. Ich sagte ihm nur, dass ich erklärt hatte, warum wir uns am Tag zuvor nicht hatten melden können. Die Neuigkeiten über den freien Vermittler ließ ich aus. Wallakah schien mit meiner Antwort zufrieden zu sein.

Nach unserer Rückkehr in der Unterkunft stieß jemand Neues zu unserem Trupp dazu. Der Mann, der den Raum betrat, war höchstens einen Meter sechzig groß, wahrscheinlich um die fünfzig Jahre alt, hatte dunklen Teint und einen vollen, aber kurzen schwarzen Bart. Ich war verblüfft. Irgendwo hatte ich den Mann schon mal gesehen.

Er schien Rafiq zu kennen. »*Doktor Sahab, salam alaikum* – Herr Doktor, Friede sei mit Ihnen«, sprach er ihn an. Mich grüßte er auch, aber ich bezweifle, dass er mich erkannte. Dann fiel es mir wieder ein. Er war ein Mullah – ein Geistlicher, der für einen kleineren Bezirk zuständig war.

Er hatte die Taliban vertreten, als Rafiq und ich uns vor zwei Jahren mit ihm und den örtlichen Polizeibeamten getroffen hatten. Das war kurz vor der Eröffnung unseres Bildungszentrums in Pul-i-assim. Wir wollten mit ihnen darüber sprechen, wie wir der örtlichen Bevölkerung am besten dienen und dabei die Sicherheit unserer Mitarbeiter gewährleisten könnten. Der Mullah hatte damals geantwortet, wir dürften gerne dort arbeiten. Doch vielleicht wollte er nur entgegenkommend erscheinen, ohne es wirklich zu sein.

Weil die Taliban keinen Kontakt zu unseren Mitarbeitern hatten und ein tiefes Misstrauen gegen alle Fremden hegten, war ihre Feindseligkeit vorprogrammiert.

Sie hatten in den letzten zwei Jahren östlich von Kabul mehrere Leute entführt und ermordet, viele von ihnen afghanische Bauarbeiter, die von ausländischen Unternehmen beschäftigt wurden. Die Taliban hatten sogar örtliche Regierungsvertreter bedrängt, entführt oder getötet, weil sie mit ausländischen Regierungen zusammengearbeitet haben sollen. Für die Bürger dieses Landes war es eine gefährliche Sache, mit Ausländern in Verbindung gebracht zu werden.

Aus Vorsicht hatte ich wegen dieser Angriffe auch schon Reisen in diese Gegend abgesagt. Offensichtlich war ich nicht vorsichtig genug gewesen. Der Anblick dieses Mullahs verärgerte mich. Wie konnte er uns so gelassen begegnen, als sei es etwas ganz Normales, alte Bekanntschaften als Geiseln wiederzutreffen. Am meisten machten mir unsere unterschiedlichen Weltbilder zu schaffen. Ich empfand unsere Situation als eine Notlage. Für den Mullah war es der normale Lauf der Dinge. Solche Szenen boten sich ihm häufiger.

Das beschäftigte mich, aber ich musste es loslassen. Mein Tag hatte so gut angefangen. Diese Begegnung sollte mir nicht meinen Frieden rauben.

Mit der Ankunft des Mullahs veränderte sich die lockere, entspannte Atmosphäre vom Vortag. Plötzlich waren alle sehr beschäftigt. Wallakah und Ahmed stapelten unsere Decken auf einen Haufen, während die anderen herumliegende Gegenstände einsammelten. Ich wusste nicht, wohin und wozu, doch wir brachen wieder auf.

Diese zwei Brüder traf ich bei einem Besuch in Ostafghanistan. Auch ihre Familie wünscht sich, dass wir in ihrem Dorf ein Gemeinschaftszentrum eröffnen.

Zu meinen Aufgaben gehört es auch, afghanisches Gesundheitspersonal über ansteckende Krankheiten aufzuklären.

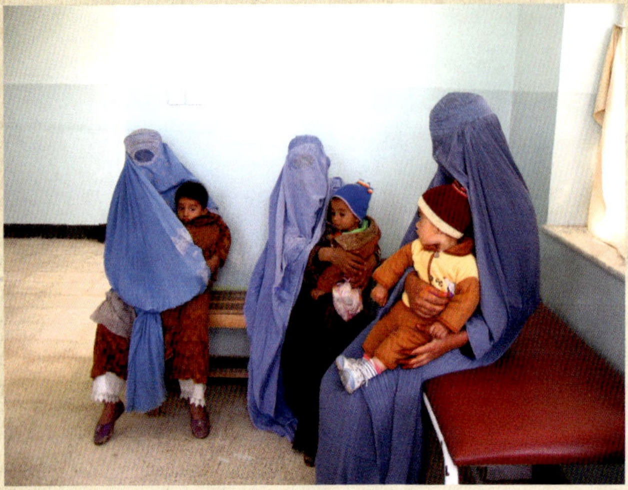

Mütter warten mit ihren Kindern in einer unserer Krankenstationen auf ihre Behandlung.

Miriam, unsere Hebamme, arbeitet mit einer Pinnwand, wenn sie zu den jungen Müttern in Pul-i-assim über Ernährung, Familienplanung, Schwangerschaft und Impfungen spricht.

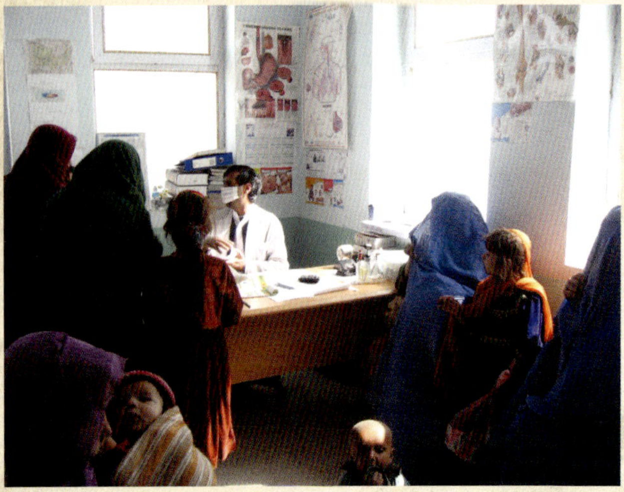

Sprechstunde bei einem unserer Ärzte in Pul-i-assim.

Kuchi-Nomaden verlassen Pul-i-assim in Richtung Kabul auf derselben Straße, auf der wir entführt wurden. Die Aufnahme entstand unweit des Ortes, an dem uns die Taliban überfielen.

Zwei Mudschaheddin stehen in der Nähe von Pul-i-assim Wache.

Zusammen mit Dorfältesten nehme ich ein pisch afghanisches Essen ein. Es besteht aus *Nan*, Hühnchen, Reis und Gemüse, darunter omaten, von denen ich gerade esse.

Die prunkvolle Bauweise dieser Moschee in Westafghanistan ist typisch für städtische Moscheen.

In diesem abgelegenen Ort in der Provinz Kabul wachsen Aprikosenbäume (im Vordergrund). Das linke Gebäude ist eine Schule und das rechte ein Wohnhaus.

Ein grünes Tal vor den Toren Kabuls zeigt, dass nachhaltig eingesetzte Mittel zu guten Ergebnissen führen.

Arbeitgeber wissen, dass sie auf dieser Brücke über den Kabul-Fluss Männer finden, die nach Arbeit suchen.

Kuchi-Nomaden leben vom Handel mit Schafen, Ziegen, Eseln und Kamelen in der Stadt. Ein Schaf kann gut und gerne zweihundert Euro kosten.

Der Darulaman-Palast in einem Vorort von Kabul wurde während der Herrschaft von König Amanullah Khan errichtet. Obwohl sein Name so viel wie »Platz des Friedens« bedeutet, ist er ein Symbol für das von Kriegen erschütterte Land. Mudschaheddin zerstörten ihn nach dem Abzug der sowjetischen Truppen beinahe völlig.

Mein Koautor James Lund auf den Straßen von Kabul im März 2014.

Viele Straßen in Kabul werden von kleinen Läden gesäumt, in denen neben Früchten alles Mögliche verkauft wird.

Afghanen sind unendlich einfallsreich dabei, an allen möglichen und unmöglichen Orten Wohnungen zu errichten, wie dieser Abhang in Kabul zeigt.

Direkt hinter Kabul erheben sich schneebedeckte Berge.

Auf einer Straße in Kabul spielen Kinder Fußball mit dem, was gerade verfügbar ist – in diesem Fall ein Basketball.

Afghanistans Zukunft sind seine Menschen.

Wir liefen weiter durch die Berglandschaft. Der Sonnenlaufbahn nach zu urteilen bewegten wir uns in östliche Richtung, aber ich war mir nicht sicher. Wir waren circa anderthalb Stunden gelaufen, als wir auf ein breiteres Wegstück zwischen zwei Hügeln gelangten. Der Platz war ungefähr sechs Meter lang, mit Steilwänden zu beiden Seiten, und der Weg schlängelte sich den vor uns liegenden Berg hoch. Die einzige Aussicht bot sich auf den Weg hinter uns, den wir gerade erklommen hatten, und in das dahinter liegende eintönig braune Tal. Ein Windstoß zog durch diese Kluft und ließ mich schaudern. Ich schätzte, dass wir uns auf etwa tausendfünfhundert Metern Höhe befanden.

Während Decken auf den Boden gelegt wurden und wir uns niederließen, kletterte der Mullah, gefolgt von Ahmed, noch hundert Meter weiter die steile Böschung links von uns hinauf. Oben setzte er sich auf einen Felsen, scheinbar um zu telefonieren. Ich fragte mich, wen er wohl anrief.

Mit Laub und Ästen machten unsere Geiselnehmer ein kleines Feuer. Bald nachdem Tee ausgeschenkt worden war, stieg ein seltener Ton aus dem Tal empor – das Heulen eines Motorradmotors. Ich war sicher nicht der Einzige, der es gehört hatte, doch niemand reagierte auf den Lärm. Er kam wohl nicht unerwartet.

Was würde nun passieren?

Die Antwort ließ nicht lange auf sich warten. Unsere Gruppe vergrößerte sich.

Zwei Männer marschierten mitten in unser Lager. Den ersten schätzte ich auf Anfang, Mitte dreißig. Er war groß und schlaksig, mit einem gepflegten Bart, der fünf Zentimeter unter sein Kinn reichte.

»Hallo!«, begrüßte er uns auf Paschtu. »Wie geht's euch denn so?«

Als der Rest der Gruppe diesen Mann bemerkte, ließen sie alles stehen und liegen und richteten ihre gesamte Aufmerksamkeit auf ihn. Obwohl er keine Einschüchterungsversuche machte und bei seiner Begrüßung sogar lächelte, war mir bewusst, dass er ein höhergestellter Anführer der Taliban war.

Während dieser Mann nicht sonderlich Furcht einflößend wirkte, bereitete mir der Anblick seines Begleiters Sorgen. Es war ein bekanntes Gesicht, das eindeutig nicht lächelte: Der Schlächter hatte sich zu uns gesellt.

Der neue Anführer, den die anderen mit »Kommandeur« ansprachen, besprach mit unseren Geiselnehmern die Lage. Fünf Minuten nach seiner Ankunft wandte er sich an uns als Geiseln und ließ uns durch Rafiqs Übersetzung wissen: »Wir werden das alles innerhalb der nächsten zwei Stunden regeln.«

Zwei Stunden? Mir zog sich der Magen zusammen. Das könnte zwar gut für uns sein, aber wahrscheinlicher war, dass eine schnelle Lösung für uns nicht so vorteilhaft aussehen würde.

Auf was immer wir uns zubewegten – der Prozess war zweifellos beschleunigt worden. Nach dem Mittagessen stiegen sechs von uns den Berg hinauf: der Kommandeur, der Schlächter, Wallakah und Hoffnungslos, dazu Rafiq und ich. Alle Taliban in der Gruppe außer dem Kommandeur waren bewaffnet.

Der Kommandeur zog eine Visitenkarte aus seiner Tasche, tippte eine Nummer in ein Telefon und reichte es dann mir.

»Sprich mit diesem Mann«, sagte er.

»Mit wem soll ich sprechen?«, fragte ich. Der Kommandeur antwortete nicht.

»Hallo?«, fragte ich ins Telefon.

»Hallo«, entgegnete eine Männerstimme, »ich möchte euch erklären, was weiter zu tun ist.« Sein Akzent verriet, dass er Afghane war, aber sein Englisch war gut. Ich nahm an, er sei ein Freund des Kommandeurs.

Der Mann stellte mir eine Reihe von persönlichen Fragen: »Wo wohnst du in den Staaten? Wie viele Kinder hast du? Wie heißen sie?«

Ich beantwortete die Fragen, fühlte mich aber zunehmend unwohl dabei. »Mit wem spreche ich noch mal?«, fragte ich.

»Das tut nichts zur Sache«, sagte der Mann kurz angebunden.

Die Fragerei ging weiter, aber ich wählte meine Antworten mit größerer Vorsicht. Ich wollte meine Familie nicht in Gefahr bringen, indem ich zu viele Informationen an die Taliban herausgab.

Dann hörte ich plötzlich eine andere Stimme durch die Leitung – zu meiner Überraschung klang sie amerikanisch. »Dr. Joseph, hier spricht Mark vom ISAF-Hauptquartier.«

ISAF steht für *International Security Assistance Force*, Internationale Sicherheitsunterstützungstruppe. Das ist die Militärpräsenz der NATO in Afghanistan, die aus Truppen aus den USA und anderen Nationen zusammengesetzt ist.

Ich atmete erleichtert auf. »Mark, ich bin so froh, mit jemandem aus den Staaten zu sprechen«, sagte ich. »Falls das Ihr Kollege war, müssen Sie wissen, dass ich ihm einige verschlüsselte Antworten gegeben habe, weil ich nicht wusste, mit wem ich spreche.«

»Das ist in Ordnung«, sagte er, »wir wollten nur sichergehen, dass Sie es sind.« Ich gab Mark weitere Informationen.

»Es ist gut, dass ihr euch ruhig verhalten habt«, sagte er, »macht weiter so. Wir haben euch im Blick. Hier ist noch jemand, der mit Ihnen sprechen möchte.«

Kurz darauf drang eine klare Stimme an mein Ohr. »Hallo Dilip. Ich bin einer der Generäle hier«, sagte ein Mann. »Ich möchte Ihnen einen Ratschlag geben: Zeigen Sie sich eher von Ihrer asiatischen Seite als von Ihrer amerikanischen.«

»Danke, General, das habe ich getan.«

Dann hörte ich plötzlich nur noch Schweigen. Wir hatten den Empfang verloren.

Ich gab dem Kommandeur das Telefon zurück. »Mit wem hast du gesprochen?«, wollte er wissen.

»Das ist Ihr Telefon«, sagte ich. »Sie haben die Nummer gewählt. Ich dachte, das sei einer Ihrer Freunde.« Ich würde ihm sicher nicht erzählen, dass ich gerade das ISAF-Hauptquartier in der Leitung hatte.

Ich nahm an, dass der Kommandeur keine Ahnung hatte, mit wem er mich gerade in Kontakt gebracht hatte und dass der Anruf bei der ISAF einfach unverschämtes Glück gewesen war. Mein Eindruck erhärtete sich, als der Kommandeur einen Moment später dieselbe Visitenkarte aus der Tasche zog und fragte, ob mir irgendwelche der Nummern bekannt seien, mit denen die Karte vollgekritzelt war. Es müssen mehr als zwanzig gewesen sein. Ich warf einen kurzen Blick darauf und verneinte. Erst später zog ich die Möglichkeit in Betracht, dass die ISAF den Anruf abgefangen haben könnte, um mit mir zu sprechen.

Jedenfalls fühlte ich mich nach dem Telefonat ermutigt und weniger allein. Das Militär wusste, wo wir uns befanden. Mit einem Mal schien der Gedanke an eine Rettungsaktion nicht mehr so weit hergeholt zu sein.

Einige Minuten später wandte sich der Kommandeur wieder an seine Geiseln. »Wir werden die Sache folgendermaßen zum Abschluss bringen«, sagte er. »Ihr drei werdet gegen vier Häftlinge aus dem Gefängnis Pul-e-Charkhi ausgetauscht.«

Moment mal, dachte ich. Es ging doch eben noch hauptsächlich um Geld. Das waren neue Töne. *Reden diese Leute überhaupt miteinander? Wird es noch Diskussionen darüber geben?*

Niemand erwiderte etwas auf die Aussage des Kommandeurs. Ich versuchte, optimistisch zu bleiben. Das Gefängnis war in der Nähe von Kabul. Falls man uns dorthin bringen würde, könnte uns vielleicht jemand von unseren Leuten in der Stadt da rausholen. Vielleicht.

Der Kommandeur gab mir ein Telefon und wies mich an, unser Team zu kontaktieren. In dem Moment streifte mich der Blick des Schlächters und er zog seinen Finger quer über seinen Hals. Das war eine unmissverständliche Erinnerung an das, was uns blühen würde, sollten die Verhandlungen scheitern.

Ich erreichte Roy und Dean, aber die Verbindung war schwach und ich hatte Mühe, sie zu verstehen. Ich beschrieb, wie unsere Taliban an Zahl zunahmen und wie ich mit der ISAF telefoniert hatte. Dann übermittelte ich die neue Forderung und deren Dringlichkeit.

Plötzlich erinnerte ich mich an eine Bemerkung, die Haqqani tags zuvor gemacht hatte - wenn es uns gelänge, schnell zweihunderttausend Dollar aufzutreiben, dann würden er, Wallakah, Hoffnungslos und Ahmed das Geld unter sich und ihren Familien aufteilen und uns gehen lassen.

Damals hatte ich nicht weiter darüber nachgedacht, weil sowieso so viele verschiedene Zahlen und Forderungen im Raum standen. Jetzt wurde mir jedoch ganz deutlich, dass sich unsere Situation durch die wachsende Zahl der Beteiligten um einiges verkompliziert hatte.

Noch etwas anderes kam mir in den Sinn - Haqqanis Warnung, dass die Taliban aus Pakistan uns holen würden, wenn wir nicht schnell eine Lösung fänden. Ich hatte von Entführungen gehört, die so verlaufen waren. Sogar wenn das Lösegeld schon bezahlt worden war, wurden Geiseln an andere Gruppen weitergegeben oder von diesen »geraubt«, und die Verhandlungen gingen von vorne los.

Ich wollte unter keinen Umständen in der gesetzlosen Gegend von Westpakistan landen. Befanden wir uns vielleicht schon ganz in der Nähe? Falls wir uns tatsächlich Richtung Osten bewegt hatten, könnten wir uns wenige Kilometer vor der Grenze befinden.

»Roy«, sagte ich, »das entwickelt sich genau, wie sie es vorausgesagt hatten. Mehr Taliban kommen dazu, und die Einsätze werden erhöht. Ich hoffe, ihr könnt damit umgehen.«

»Du weißt, dass wir hier alles tun, was in unserer Macht steht, Dilip.«

Ich hörte ein Knistern, dann Stille. Ich hatte die Verbindung verloren.

WECHSELNDE FORDERUNGEN

Freitag, 15.00 Uhr

Ich versuchte weiterhin erfolglos, Roy zu erreichen. Schließlich gab ich es auf.

Der Kommandeur schien es nicht eilig zu haben. Die Hände auf dem Rücken, unterhielt er sich mit Wallakah, der auf einem großen Felsen saß. Rafiq stand ebenfalls unweit der Gruppe. Der Schlächter ging in der Nähe auf und ab. Dann setzte er sich, zog sein Messer aus dem Gürtel und entfernte die schwarze Lederhülle. Er benutzte es, um seine Fingernägel zu säubern, und pulte damit in alle Richtungen herum. Die gebogene Klinge war ungefähr fünfundzwanzig Zentimeter lang, wirkte in diesem Moment aber mindestens doppelt so groß.

Um mich von beunruhigenden Gedanken abzulenken, näherte ich mich Hoffnungslos, der am Rande unserer Anhöhe am Hang stand. Ich hatte früher schon beobachtet, wie er und der Schlächter von Zeit zu Zeit eine von den kleinen Nüssen abrissen, die wie auf dem Schwarzen Berg um uns her an den Büschen wuchsen, und darauf herumkauten.

Diese hohen Büsche sahen fast wie Bäume aus. Ihre dürren Zweige waren mit mattgrünen Blättern mit dünn zulaufenden Spitzen bedeckt. Die Nüsse waren kleiner und runder als Walnüsse, von einer Schale umhüllt.

Ich zeigte auf einen der Büsche, führte dann meine Hand an den Mund und machte Kaubewegungen. »Esst ihr die?«, fragte ich Hoffnungslos, wohl wissend, dass er kein Englisch sprach.

Er schien mich verstanden zu haben. Mit einer Hand griff er nach einem Zweig an einem der Büsche, mit der anderen pflückte er eine Nuss ab. Dann löste er die Schale ab und brummelte etwas in der Art von: »Du musst die knacken.« Er bot mir eine an.

Ich probierte sie. Fast kein Geschmack. Wahrscheinlich waren sie nahrhafter, als sie schmeckten.

Ungefähr zu der Zeit drang das Geräusch eines einmotorigen Flugzeuges aus der Ferne an mein Ohr. Meine Augen suchten den Himmel danach ab, aber ohne Erfolg. Hielt dort oben jemand nach uns Ausschau? Wofür sonst sollte jemand in dieser menschenleeren vergessenen Einöde mit einem kleinen Flugzeug herumfliegen?

Der Kommandeur unterbrach meine Suche, wandte sich von Wallakah ab und mir zu. »Also, magst du uns?«, fragte er. »Behandeln wir dich gut?«

»Mögen« war relativ. Ich fand gut, dass sie uns zu essen gaben und bislang noch niemanden von uns umgebracht hatten. »Ihr scheint ganz in Ordnung zu sein. Ich komme mit allen gut klar außer mit dem da.« Ich machte eine Kopfbewegung zum Schlächter hin und lächelte bei dem Versuch, das als Witz zu verkaufen – oder so etwas Ähnliches. Rafiq half nach, indem er beim Übersetzen lachte. Alle anderen gluckste
n vor sich hin, auch der Kommandeur. Alle, das heißt, alle außer dem Schlächter.

Der Kommandeur befand es schließlich an der Zeit, die Anhöhe wieder zu verlassen und zu den anderen in die Schlucht zurückzukehren. Die Strecke betrug nicht viel mehr als dreißig Meter, aber wir brauchten beinahe zehn Minuten dafür. Wir mussten auf dem schwer begehbaren Gelände öfter anhalten und uns gegenseitig helfen. Unten angekommen wurde wieder Tee ausgeschenkt. Während die meisten sich setzten und an ihren Gläsern nippten, blieb der Kommandeur stehen und wandte sich erneut an mich. Diesmal war die Frage persönlicher und viel heikler: »Glaubst du an Gott?«

Ich schauderte, obwohl ich so etwas in der Art schon erwartet hatte. Rafiq und ich hatten ja bei unserer ersten langen Wegstrecke schon darüber gesprochen. *Jetzt geht's los. Das könnte die alles entscheidende Frage sein.*

Ich hatte schon beschlossen, meinen Glauben, wenn ich danach gefragt würde, nicht zu verleugnen. Aber ich war auch darauf bedacht, meine Worte mit Weisheit zu wählen. Hier war nicht der Raum für eine theologische Auseinandersetzung. Meine Aufgabe in Afghanistan war, dieses Volk zu lieben und ihm zu dienen.

Meine Antwort war kurz und prägnant. »Schon seit ich denken kann«, sagte ich, »habe ich immer an den einen wahren Gott geglaubt.«

»Okay«, antwortete der Kommandeur mit ernster Miene. »Das ist gut. Aber ich kann deine Aussagen im Internet überprüfen. Wenn du uns anlügst, bist du tot.«

»Ihr könnt ruhig nachsehen, wenn du mich nach meinem Glauben an Gott fragst, dann ist das die Antwort. Ich bete zu dem einen wahren Gott, dem allmächtigen Schöpfer des Universums.« Ich fragte mich, wo das Gespräch hinführen würde. Aber statt mich weiter über meinen Glauben auszufragen, ging der Kommandeur zu praktischeren Dingen über. Es war Zeit für unseren nächsten Anruf.

Zurück auf unserer Anhöhe war es diesmal kein Problem, mit Roy und Dean zu sprechen. Sie fragten nach weiteren Details über den Gefangenenaustausch.

»Bitte sie«, sagte Dean, »uns die Namen der vier Häftlinge zu geben.«

Ich nahm den Hörer vom Ohr. »Unsere Leute sind bereit für die nächste Verhandlungsrunde«, sagte ich zum Kommandeur. »Wie lauten die Namen der Häftlinge?«

Der Kommandeur nahm sich keine Bedenkzeit. In einem Ton, der keine Widerrede duldete, sagte er: »Das werden wir jetzt nicht besprechen. Wir haben den Plan geändert. Wir wollen die dreihunderttausend Dollar, nicht weniger.«

Was? Welches Spiel wird hier gespielt? Stellen sie uns auf die Probe? Oder haben sie es noch mal durchgesprochen und sich doch für das Geld entschieden?

Besonders entmutigend fand ich die Vorstellung, dass sie vielleicht austesteten, inwieweit sie uns manipulieren konnten. Ich meinte, dass ich auch ein gewisses Mitspracherecht haben sollte. Schließlich waren diese Leute auf meine Mitarbeit angewiesen, wenn sie mit ihren Forderungen durchkommen wollten. Ich nahm meinen Mut zusammen und sagte so nachdrücklich wie möglich zum Kommandeur: »Wir müssen bei einer Abmachung bleiben, sonst kann ich keine vernünftigen Absprachen treffen.«

Als Rafiq übersetzte, nickte der Kommandeur nur. Immerhin schien er wegen meiner Stellungnahme nicht beleidigt zu sein.

Ich übermittelte Roy und Dean die jüngsten Entwicklungen. Sie sagten nicht viel dazu, woraus ich schloss, dass sie wohl schon erwartet hatten, dass den Entführern doch eher am Geld gelegen war. Wir vereinbarten, am nächsten Morgen weiterzusprechen.

»Was denkst du, wie schnell sie das Geld zusammenbekommen werden?«, fragte der Kommandeur, nachdem ich das Gespräch beendet hatte. »Wie lange wird das alles dauern?«

Wieder musste ich vorsichtig sein. »Sieh mal, wir müssen von Tag zu Tag sehen, wie es läuft«, sagte ich. »Ich habe ihnen gesagt, dass ihr jetzt dreihunderttausend wollt. Sie werden daran arbeiten. Wir werden morgen früh hören, was sie sagen.«

Er schien sich damit zufriedenzugeben.

Das war's für heute mit Kontakt zur Außenwelt. Jetzt hatte der Kommandeur andere Pläne. Wieder unten angekommen, schenkte er mir ein schwaches Lächeln und fragte: »Was möchtest du heute zu Abend essen?«

Diese Frage hatte ich nicht erwartet. »Ich brauche nichts Besonderes«, sagte ich. »Bislang habt ihr das immer ganz gut gemacht.«

»Nein, du bist unser Gast«, sagte er. »Wir bereiten dir heute Abend ein Festmahl. Wir werden dir zu Ehren ein Schaf schlachten.«

»Nein, nicht doch, bitte macht euch keine Umstände. Für mich braucht ihr überhaupt nichts schlachten. Mir reicht es, wenn wir essen wie immer.«

Diesmal antworteten mehrere Taliban fast wie aus einem Mund: »Nein, nein, nein!«

»Es ist unsere Pflicht, dich zu bewirten und dich als unseren Gast mit einem Festessen zu beehren«, sagte Wallakah.

Ich argwöhnte, dass es weniger darum ging, ihren »Gast« zu ehren, als vielmehr darum, eine Familie aus der Gegend dazu zu zwingen, unseren Geiselnehmern etwas Gutes zuzubereiten.

»Morgen wirst du uns eine Menge Geld bescheren«, sagte der Kommandeur. »Wir wollen für dich ein Fest abhalten.«

Ich würde ihnen das wohl nicht mehr ausreden können.

Unsere Entführer packten die Decken, den Kessel, den Tee und den Zucker zusammen. Dann bemerkte ich einen weiteren Neuankömmling. Der Mann schien noch jung zu sein, doch das war schwer festzustellen, weil man hinter dem Tuch, das um seinen Kopf und sein Gesicht geschlungen war, nur seine Augen sehen konnte. Einer der anderen sprach ihn als Mullah an, was mir angesichts der Kalaschnikow, die er auf den Rücken geschnallt trug, unpassend erschien. Nichtsdestotrotz bezeichnete ich ihn von nun an innerlich als »Mullah junior«.

Die nächste Stunde liefen wir abwärts auf ein Tal zu. *Wo gehen wir hin? Das dauert ziemlich lange.*

Ich blickte über die weite, dürre Ebene, die uns umgab. Falls jemand mit Fluchtgedanken spielte, wäre das jetzt ein denkbar schlechter Ort für einen Versuch. Keine Chance, sich irgendwo zu verstecken.

Die Sonne neigte sich schon, als wir den Fuß des Berges erreichten, der an das Tal anschloss. Ungefähr anderthalb Kilometer vor uns ragte ein dunkles Gebilde aus dem Flachland, wie ein einsames Grab.

Als wir näher kamen, erkannte ich ein zweistöckiges Gebäude. Aus zwei Fenstern auf der linken Seite drang Licht nach außen und rechts war noch ein verdecktes Fenster. Anders als die meisten afghanischen Häuser hatte es keine Schutzmauer gegen Eindringlinge. Scheinbar lag es so abgeschieden, dass das nicht nötig war.

Der Hausbesitzer kam heraus, um uns zu begrüßen. Ich fragte mich, ob er Viehzüchter war. Was sonst könnte jemanden hierher verschlagen haben? Er schien einige Leute aus unserer Gruppe zu kennen, schüttelte jedem die Hand und bat uns herein. Seine Haut war bräunlich und er trug eine weiße Gebetskappe, die man *Takke* nennt. Wahrscheinlich war er Ende vierzig, Anfang fünfzig, obwohl er mit seinem weißen Bart und seinem runzligen Gesicht schon wie Ende sechzig aussah.

Ich fragte mich, ob ihm bewusst war, dass drei seiner Gäste Geiseln waren. Wir drängten uns in ein höchstens drei mal vier Meter großes Wohnzimmer und waren jetzt fünfzehn Leute: der Hausherr und sein Sohn, zehn Taliban, Rafiq, Farzad und ich. Ich stellte fest, dass wir unterwegs einen weiteren Talib dazugewonnen haben mussten, denn ein schlanker junger Mann mit einem zotteligen Bart und einem *Pakol* auf dem Kopf sprach jetzt mit dem Kommandeur.

Einige der Taliban hatten ihre Gewehre im Flur abgestellt, aber andere brachten ihre Waffen mit in die Wohnung, wo sie sie unter den Polstern verstauten, auf denen wir saßen. Obwohl sie damit außer Sicht waren, wussten wir alle, dass sie da waren. In den meisten Kulturen würde es wohl als unhöflich empfunden werden, Sturmgewehre in eine Wohnung mitzubringen. Aber an diesem Abend ging wohl Sicherheit vor gutem Benehmen.

Als wir so einander gegenüber in einem Karree saßen und uns unterhielten, packte »Mullah senior« eine Packung Süßigkeiten aus und reichte sie herum. Die Mint-Gummidrops waren in grünem Glanzpapier mit der Aufschrift *Fresh & Cool* eingepackt.

Süßigkeiten waren in dieser Kultur ein Symbol der Feierlichkeit. Ich fand das Verhalten des Mullahs seltsam. Es gab nichts zu feiern, jedenfalls noch nicht. Dennoch schob ich mir eins in den Mund und steckte das leere Papier in meine Tasche. Das würde ein weiteres Andenken an diese Erfahrung sein – hoffte ich.

Kurz darauf fand das erwähnte Sicherheitsbedürfnis seine Bestätigung, als ich irgendwo weit über dem Stimmengewirr wieder das Geräusch eines Kleinfliegers vernahm. Der Kommandeur musste es auch gehört haben, denn kurz darauf wollte er über Telefonüberwachung sprechen. »Weißt du etwas darüber? Wie hören die das ab? Weißt du etwas über die Satelliten und wie sie Leute verfolgen?«

»Ich verstehe nicht viel von Technik«, sagte ich. »Mein Gebiet ist die Medizin. Mit solchen Dingen kenne ich mich nicht aus.« Ich fragte mich, wie er darauf kam, dass ich es ihm erklären würde, selbst wenn ich es wüsste.

Unser Gastgeber saß am einen Ende des Rechtecks neben der Tür. Plötzlich schleuderte er eine Handvoll Tabletten auf die Decke in der Mitte des Raumes und verzog dabei das Gesicht.

Der Kommandeur schien diese Unterbrechung nicht gutzuheißen. »Pst!«, machte er. »Sag nichts.«

Zu meiner Überraschung nahmen die anderen Taliban den Hausherrn in Schutz. »Nein«, widersprach mehr als einer, »das ist sein Haus. Lass ihn sprechen.«

Ich fand das interessant. Der Kommandeur hatte hier klar das Sagen. Dennoch war seine Autorität nicht so in Stein gemeißelt, dass die anderen ihm nicht widersprechen konnten.

Während das so weiterging, lehnte ich mich vor und nahm einige der Tabletten in die Hand. Es waren gewöhnliche Antihistaminika.

Der ältere Herr hatte wohl mitbekommen, dass Ärzte anwesend waren, und erklärte nun, dass er am ganzen Körper Juckreiz habe. An diesem Morgen habe seine Kopfhaut so stark gejuckt, dass er es nicht mehr ausgehalten und sich den Kopf rasiert habe. Er nahm seine *Takke* ab und zeigte uns seinen kahlen Schädel. »Ich finde keine Ruhe«, sagte er laut und hob die Hände in die Luft. Unser Gastgeber teilte uns geradeheraus mit, dass er einerseits gezwungen war, die örtlichen Behörden zufriedenzustellen. Auf der anderen Seite würden ihn die Taliban bedrängen, sich auf ihre Seite zu stellen.

Ich war von der Kühnheit dieses Mannes beeindruckt. Ich wusste nicht, wovon er lebte, aber es war gut denkbar, dass die Regierung sich von ihm bestechen ließ, damit er seiner Arbeit nachgehen konnte, während die Taliban zusätzlich die *Zakat* einforderten. Er befand sich wie allzu viele seiner Landsleute in einer schwierigen Lage.

Eine meiner großen Leidenschaften bestand darin, Leute zu ermutigen, ihr Leben ganzheitlich zu betrachten. In der typisch westlichen Schulmedizin wird das gesundheitliche Problem festgestellt und dann werden nur die sichtbaren Symptome behandelt. Ich dagegen wollte die Gesamtheit von Körper, Verstand, Gefühlen und Geist betrachten und so zur Wurzel des Problems gelangen. Der Juckreiz dieses Mannes schien ein klassischer Fall zu sein. Ich hatte den Eindruck, dass sich seine Stresssituation in seinem Hautproblem niederschlug.

Ich bewunderte den Mann dafür, dass er seinen Unmut hier vor meinen Entführern kundtat. Das ermutigte mich dazu, ebenfalls das Wort zu ergreifen. »Sie sollen wissen, dass unser Schöpfergott, der Gott des Universums, ein Gott der Ruhe ist«, sagte ich zu dem Mann. Alle hatten sich unterhalten, aber sobald ich zu sprechen begann, wurden sie still. Während Rafiq übersetzte, hätte man eine Stecknadel fallen hören können.

»Ich bedaure, dass Sie sich zwischen den Regierungsverantwortlichen und den Talibangruppen zerrieben fühlen, und ich finde es schwierig, es beiden Seiten recht zu machen. Sie haben recht. Das können Sie gar nicht.«

Mensch, dachte ich, *jetzt könnten sie mich echt erschießen.* Aber es blieb still im Raum. Alle lauschten meinen Worten und Rafiqs Übersetzung.

Ich hatte in diesem Augenblick sozusagen ein unfreiwilliges Publikum. »Unser Gott sorgt sich wirklich so sehr um uns, dass er unsere Wege so lenken wird, dass wir Entscheidungen treffen können, die zu Ruhe und Frieden führen. Sie müssen sich keine Sorgen um die richtige Entscheidung machen. Denn er wird Ihre Schritte lenken.«

Der Mann nickte.

»Ich hoffe und bete, dass Sie die richtigen Entscheidungen treffen können und sich nicht mehr mit diesem Juckreiz herumschlagen müssen«, sagte ich.

Die Gruppe kehrte zu ihren Gesprächen zurück, ohne mir etwas erwidert zu haben. Ich wusste nicht, ob meine Worte bei ihnen etwas ausgelöst hatten oder nicht. Dennoch ging es mir wie zu Beginn unserer Entführung, als ich über den paschtunischen Hintergrund meiner Frau gesprochen hatte. Ich verspürte Genugtuung darüber, dass ich zumindest versucht hatte, zu ihnen in Beziehung zu treten und meine Überzeugungen bekannt hatte.

Das Fest selbst hingegen war weniger zufriedenstellend. Wir setzten uns in Vierergruppen im Kreis um das Essen herum. Irgendwie kam ich neben dem Schlächter zu sitzen. Unsere Mahlzeit bestand aus einem halbgaren Lamm und einem Spinatgericht. Das Lamm schmeckte wie in Wasser gekocht, aber nicht wirklich durch. Die Taliban schlugen sich den Bauch damit voll. Sie konnten gar nicht genug bekommen.

Ich dagegen fand es eher ungenießbar. Mit Mühe und Not brachte ich ein Stück Fleisch und etwas *Nan* herunter. Der Geschmack und meine Verständnislosigkeit für den Sinn der Party hatten mir den Appetit verdorben.

Dem Schlächter fiel das auf. Scheinbar aß ich für sein Empfinden nicht schnell genug, und er wies mich an, mehr zu essen. »Loss, iss weiter«, sagte er, »hau rein!«

Ich schob mir demonstrativ einen weiteren Bissen Lamm in den Mund. Kurz darauf tippte ich dem Schlächter auf die Schulter. Immerhin eine Gelegenheit, mich meinem Erzfeind anzunähern. Ich rieb mir den Bauch, um zu zeigen, dass ich satt war. Er reagierte nicht, aber ihm schien die Unterbrechung auch nichts weiter auszumachen.

Einige Süßigkeiten, Tees und Gespräche später war es Zeit zu gehen. Der Hausherr stand am Rand des Hofes und reichte jedem der Taliban die Hand zum Abschied.

Als ich an der Reihe war, umschloss er meine Hand mit beiden Händen. Seine dunklen braunen Augen sahen tief in die meinen. Da ich den ganzen Abend lang kein Paschtu gesprochen hatte, musste ihm inzwischen aufgegangen sein, dass ich eine Geisel war. Ich spürte sein Mitgefühl. Hätte er Englisch gesprochen, hätte er sicherlich gesagt: »Danke, dass Sie mich beehrt haben. Viel Glück.«

»Taschakkor!«, sagte ich, was »Danke!« auf Dari hieß, der zweiten Amtssprache Afghanistans.

Wir hatten das Haus des Mannes gegen acht Uhr verlassen. Ich fragte mich, wohin uns die Reise jetzt führte. Ich hoffte inständig, dass wir nicht eine weitere Nachtwanderung vor uns hatten.

Als wir bergauf und bergab gingen, verwendeten einige der Taliban ihre Smartphones als Taschenlampen, um in der Dunkelheit den Weg zu finden.

Wie sie so in ihren Sandalen und *Salwar Kamiz* vor mir herliefen, grübelte ich über die seltsame Mischung aus jahrhundertealten Traditionen und moderner Technologie.

»Scht!«

Vorne gab eine Stimme ein international verständliches Signal. Gleichzeitig fauchte jemand einen Befehl auf Paschtu, wahrscheinlich »Seid still!«. Alle um mich herum erstarrten. Wir waren etwa fünfundvierzig Minuten ohne Zwischenfälle unterwegs gewesen. Was war geschehen?

Wallakah deutete auf Rafiq, Farzad und mich, dann auf den Boden. Wir setzten uns. Er richtete seine AK-47 auf mich.

War es so weit? War das Militär gekommen? Wagte jemand eine Rettungsaktion?

Ich starrte Wallakah an. Er hatte die Stirn gerunzelt und die Lippen zusammengepresst, alle Aufmerksamkeit auf die Geschehnisse vor uns gerichtet und den Finger an den Abzug der Waffe gelegt, die auf meinen Kopf gerichtet war.

Das ist Wallakah, der Mann, zu dem ich eine gute Beziehung aufgebaut habe. Er wird doch wohl nicht den Abzug drücken? Und doch ist er derjenige, der seine Waffe direkt auf mich richtet. Nun, das wird eine schöne Sauerei geben. Jeder wird irgendwie angeschossen, verletzt oder getötet werden. Und ich werde der Erste sein.

So schnell die ganze Aufregung gekommen war, verging sie auch wieder. Was immer da vorne alle so erschreckt hatte – ein Tier, ein weiteres Mitglied der Taliban? –, hatte sich als ungefährlich herausgestellt. Ich atmete aus und stand auf. Wir gingen weiter. Wenige hundert Meter danach kam unerwartet vor uns das zweistöckige Lehmgebäude mit dem Wasserbecken davor in Sicht. Wir waren dahin zurückgekehrt, wo wir die letzten beiden Nächte verbracht hatten.

Alle hielten an dem Wasserbecken an und wuschen sich die Hände, das Gesicht und die Füße. Auch ich reinigte meine Hände.

Während ich mir Wasser ins Gesicht spritze, schlich sich der schwarz gekleidete Talib an mich heran. »Hey«, sagte er leise in gebrochenem Urdu, der offiziellen Landessprache Pakistans, »trinkst du? Möchtest du Alkohol?« Er hob seinen Daumen an den Mund und legte den Kopf in den Nacken.

Ich schüttelte den Kopf: »Nein«, sagte ich und winkte ab.

»Möchtest du eine rauchen?« Er legte zwei Finger an den Mund. »Ich kann dir eine besorgen.«

»No, thank you«, wehrte ich auf Englisch ab.

Mir fielen seine dunkel verfärbten Lippen auf – offensichtlich vom Rauchen. Es überraschte mich ein bisschen, dass dieser Mann anscheinend rauchte und trank, während er doch einer fundamentalistischen Gruppe angehörte. Andererseits überraschte es mich doch nicht allzu sehr. Ich war schon vielen Extremisten begegnet, die in so ziemlich jeder religiösen Überzeugung Schlupflöcher gefunden hatten.

Nachdem ich mir die Erlaubnis zum Austreten geholt hatte, entfernte ich mich etwa dreißig Meter von der Gruppe. Ich fühlte mich unwohl. Unsere kleine Gruppe war auf drei Gefangene und zehn Taliban angeschwollen. Zu den meisten unserer Entführer hatte ich keinen guten Draht, und ich hatte keine Ahnung, was als Nächstes passieren würde.

Plötzlich wurde mir bewusst, in was für einer Situation ich mich befand. Mir lief ein Schauer über den Rücken wie eine Schweißperle. *Ich stand mit dem Rücken zu diesen Leuten. Und fast alle von ihnen trugen Gewehre.*

Wieder hatte ich Angst, die Taliban zu beleidigen und auf diese demütigende Weise sterben zu müssen. Trotz der damit verbundenen Schwierigkeiten ging ich in die Hocke, um mein Geschäft zu beenden.

Bald waren alle vor der Moschee versammelt. Doch zu Bett gehen konnten wir noch nicht. Jemand war bei dem hastigen Versuch, unsere Decken für die Nacht anzuwärmen, zu unvorsichtig gewesen. Eine hatte Feuer gefangen, und jetzt war alles voller Rauch. Viele der anderen – sogar Rafiq und Farzad – nutzten die Gelegenheit, um zum Gebet, dem *Namaz,* auf die Knie zu gehen.

Ich setzte mich neben dem Eingang außen an die Wand. Es war ein einsamer Moment. Wann und wie würde das alles ein Ende nehmen? Ich sprach wieder ein Gebet. Ich wollte nach Hause.

Schließlich hatte sich der Rauch so weit verzogen, dass wir die Unterkunft wieder betreten konnten. Da drang zum dritten Mal an diesem Tag das Motorengeräusch an unsere Ohren. Vielleicht handelte es sich sogar um mehr als einen Motor.

Ich dachte mir, dass das dem Kommandeur wohl nicht gefallen würde. Ich sollte recht behalten.

»Hörst du diese Flugzeuge?«, fragte er mich und deutete gen Himmel. »Wenn die wegen euch kommen, bringen wir euch drei zuerst um, weil wir wissen, dass wir sowieso sterben werden.«

Ich antwortete nicht. Was gab es da noch zu sagen?

Bald war Schlafenszeit. Jetzt lagen dreizehn Leute auf dem Boden, wie Sardinen in den Raum gepfercht. Wieder einmal legte ich mir meinen Rucksack als Kopfkissen zurecht und grübelte über die Worte des Kommandeurs nach. Ich war in den letzten drei Tagen so oft bedroht worden, dass diese jüngste Warnung es auch nicht mehr viel schlimmer machen konnte. Diese Leute wollten doch unbedingt Geld sehen, und um das zu bekommen, brauchten sie mich lebend. Andererseits: Sollten sich die Dinge für sie schlecht entwickeln, könnten Emotionen der Logik im Weg stehen. Am Ende könnten sie doch noch den Abzug drücken. Ich betete noch einmal, schloss meine Augen und fiel in einen unruhigen Schlaf. Der Samstag sollte ein großer Tag werden.

PAPA STECKT IN SCHWIERIGKEITEN

Donnerstag, 6. Dezember
Colorado Springs, Colorado

Drüben in den USA konnten zwei Menschen, die mir sehr nahestanden, auch nicht gut schlafen – meine Frau und meine Schwester.

Es waren zwei harte Tage für Cilicia gewesen. Sie hatte sich Daniels Rat zu Herzen genommen und mit niemandem über die Entführung gesprochen, nicht einmal mit ihrem Vater. Diese Sache für sich zu behalten, gehörte angesichts all der Ängste und Sorgen zu den härtesten Herausforderungen ihres Lebens.

Natürlich hatte man ihr gesagt, dass ich am Leben war, und sie wusste von den Lösegeldforderungen. Aber sie wusste auch, dass die Forderungen so wahnsinnig hoch waren, dass sie praktisch nicht zu erfüllen waren.

Unsere Kinder waren noch in der Schule. Cilicia wollte sie nicht beunruhigen, also weihte sie sie nicht ein. Aber besonders Asha und Jaron merkten, dass etwas nicht stimmte. »Wir müssen einfach für Papa beten«, war alles, was Cilicia sagen konnte. »Papa hat ein paar Schwierigkeiten.«

Am Donnerstag rief eine Frau namens Mary aus dem FBI-Büro in Washington, D. C., bei Cilicia an. Sie versicherte ihr, dass das FBI, das Auswärtige Amt und die ISAF alle über die Situation

Bescheid wussten und zusammen an einer Lösung arbeiteten. Details nannte sie keine.

Meine Schwester Deepa war inzwischen sehr beunruhigt. Gegen zwei Uhr in der Nacht zum Donnerstag hatte das in Kabul gelegene Auswärtige Amt der USA bei ihr angerufen und eine Nachricht auf dem Anrufbeantworter in ihrer Wohnung in Los Angeles hinterlassen. Sie wollten überprüfen, ob sie meine Schwester war, aber der Anrufer erklärte weiter nichts. Das verunsicherte sie und machte ihr Angst.

Cilicia erhielt am selben Tag noch einen Anruf vom FBI. Der Beamte setzte sie darüber in Kenntnis, dass Vorbereitungen für eine militärische Befreiungsaktion getroffen wurden. Bevor sie handeln könnten, müsste sie aber ein Formular unterzeichnen. Das würde die Regierung zu dem Rettungsversuch autorisieren – und sie von jeder rechtlichen Verantwortung entbinden, falls die Sache schlecht ausginge.

Cilicia wusste nicht, was sie tun sollte. War es besser, sich um Verhandlungen zu bemühen oder eine gefährliche Rettungsaktion zu starten? Was würde eher dazu führen, dass ich wohlbehalten wieder nach Hause käme? Sie bat meinen Chef, Daniel, um Rat.

Für den Rest des Tages blieb Cilicia in ständigem Kontakt mit Daniel, Mary oder Lars, dem Geschäftsführer von *Morning Star*, und sie besprachen die jüngsten Entwicklungen und Möglichkeiten. Sie alle boten ihr in dieser Zeit einen starken Rückhalt. Unermüdlich beantworteten sie ihre Fragen und spendeten so trotz der schrecklichen Umstände ein gewisses Maß an Trost und Frieden.

Mary rief auch bei Deepa an, weihte sie ein und nährte ihre Hoffnung zumindest ein klein wenig, ihren Bruder lebend wiederzusehen. Später am Tag hielten Cilicia und Mary über Telefon und SMS Kontakt und ermutigten sich dadurch gegenseitig.

Doch eine Entscheidung stand noch aus. Cilicia und Daniel zermarterten sich den Kopf, welchen Weg sie einschlagen sollten. Einige von Daniels Beratern rieten zu einem schnellen militärischen Vorgehen. Andere setzten sich sehr dafür ein, die Verhandlungen fortzuführen.

Als Cilicia am Donnerstagabend - meinem Freitagmorgen in Afghanistan - zu Bett ging, war sie immer noch unschlüssig. Als sie mitten in der Nacht aufwachte, tat sie, was für sie typisch war: Sie schlug ihre Bibel auf. Wie sie so im Bett saß und durch das Buch blätterte, schien es ihr, als lenke Gott ihren Blick auf eine bestimmte Stelle.

»Habt keine Angst vor denen, die euch umbringen wollen. Sie können nur euren Körper töten; eure Seele ist für sie unerreichbar. [...] Nicht einmal ein Spatz, der doch kaum etwas wert ist, kann tot zu Boden fallen, ohne dass euer Vater es weiß. Selbst die Haare auf eurem Kopf sind alle gezählt. Deshalb habt keine Angst; ihr seid Gott kostbarer als ein ganzer Schwarm Spatzen.«[13]

Das waren ermutigende, friedenbringende Worte. Cilicia begriff, dass ich mit Gott lebte, was auch immer mit meinem Körper geschähe. Meine Seele war bei ihm in Sicherheit.

Plötzlich hatte Cilicia den starken Eindruck, dass mir nichts geschähe - und dass sie es mit der Rettungsaktion versuchen sollten. Sie würde mit Daniel darüber sprechen, aber sie war sich so gut wie sicher, dass er einverstanden wäre. Sie hatten bereits darüber gesprochen, dass Daniel für sie beide die amtliche Erklärung unterschreiben könnte. Jetzt war die Zeit dazu gekommen. Sie hatte neue Zuversicht gewonnen, würde entsprechend handeln und Gott vertrauen.

Cilicia schwang sich aus dem Bett und lief die Treppe hinunter in unsere dunkle Küche. Sie öffnete ihren Laptop. Es war Freitag, zwei Uhr morgens in Colorado Springs beziehungsweise halb zwei nachmittags in Afghanistan. Sie tippte eine kurze Nachricht ein und schickte dann folgende E-Mail an Daniel.

Hi Daniel,
hiermit sende ich dir meine offizielle Einverständniserklärung. Bitte lass mich wissen, wenn du sonst noch etwas brauchst.
Ich freue mich, bald wieder von dir zu hören.
Danke,
Cilicia

7. Dezember 2012, 2.00 Uhr
Ich, Cilicia Joseph, bevollmächtige hiermit Morning Star Development dazu, in Wahrung der besten Interessen meines Mannes, Dilip Joseph, die Entscheidung(en) zu treffen, das US-Außenministerium und/oder andere Behörden einzuschalten.

Jetzt konnte sie nur noch abwarten.

Am Freitagnachmittag klopfte es an ihrer Haustür. Cilicia hatte darauf gewartet. Draußen stand eine Gruppe Männer und Frauen. Einige hatten Taschen oder kleine Koffer bei sich.

»Frau Joseph«, sagte der Mann, der vorne stand, und zeigte seinen Dienstausweis. »Wir sind vom FBI. Wenn Sie erlauben, würden wir gern hereinkommen und einige DNA-Proben von ihrem Mann nehmen.«

Cilicia ließ sie herein und führte sie nach oben in unser Badezimmer. Die Leute vom FBI nahmen eine meiner alten Zahnbürsten mit und ein paar Haarproben aus dem Rasierer. Der Grund für die Bestimmung meiner DNA blieb unausgesprochen. Man wollte im Falle eines Falles meine Leiche identifizieren können.

AUF DER FLUCHT

Samstag, 8. Dezember, 5.30 Uhr
Beim Schwarzen Berg, Afghanistan

Einige meiner schönsten Augenblicke als Papa habe ich an frühen Samstagmorgenden erlebt. Während ich in meinem Bett zu Hause noch tief und fest schlief, konnte es vorkommen, dass ich davon aufwachte, dass sich ein kleiner, warmer Körper an meine Seite schmiegte. Asha war aus dem Alter schon weitgehend herausgewachsen, aber Jaron und Tobi krabbelten immer noch gern zwischen Cilicia und mich ins Bett, um das Wochenende mit ein paar Minuten Kuschelzeit einzuläuten. Es machte mir jedes Mal unermessliche Freude zu sehen, wie sehr sie unsere Nähe genossen.

Als ich an diesem Samstagmorgen aus dem Schlaf erwachte, hoffte ich für einen kurzen Moment, dass die ganze Entführung nur ein schrecklicher Traum gewesen war, dass ich zu Hause aufwachen und meine Jungs neben mir finden würde, mit einem verlegenen Lächeln auf dem Gesicht.

Stattdessen vernahm ich einen Singsang auf Paschtu. Der Morgen war noch nicht angebrochen, und ich kniff in der Dunkelheit ein paar Mal die Augen zusammen, um mich zurechtzufinden. Mullah senior leitete auf den Knien das Morgengebet. Hinter ihm in einer Reihe knieten die neun anderen Taliban zum Gebet, zusammen mit Rafiq und Farzad. Ich war der Einzige, der noch »im Bett« lag. Irgendwie war mir das peinlich und ich fragte mich, warum sie mich nicht geweckt hatten.

Sollte ich aufstehen? Oder nicht? Wie sieht das denn aus, wenn ich hier rumliege, während alle anderen beten?

Ich erinnerte mich daran, dass Wallakah mich am Donnerstag gefragt hatte: »Glaubst du an Gebet? Betest du?«

»Und wie ich an Gebet glaube«, hatte ich geantwortet. »Gebet ist für mich ein Gespräch mit unserem Schöpfergott.« Ich hatte ihm dann gezeigt, wie ich betete – auf den Knien, die Handflächen nach oben, die Augen geschlossen.

Ich beschloss, nun genau das zu tun und ging direkt auf meinem Nachtlager auf die Knie und betete leise: »Herr, du bist in den letzten drei Tagen bei mir gewesen. Gib mir die Kraft und den Mut, auch heute zu bestehen.«

Mir war, als ob sich alle Augen auf mich richteten. Es war seltsam, wie wir alle zur gleichen Zeit, aber doch nicht wirklich gleich beteten. Dennoch hatte es etwas Verbindendes. Trotz aller Unterschiede spielte das Gebet im Leben von jedem von uns eine zentrale Rolle.

Als das *Namaz* beendet war, kamen wir alle im vorderen Teil des Raumes zusammen. Haqqani und Wallakah machten Feuer, um den Teekessel zu erhitzen. In den ersten paar Tagen hatten unsere sieben Gläser für alle ausgereicht. Jetzt waren wir dreizehn Leute.

»Ihr zuerst«, sagte ich, als Tee ausgeschenkt und mir angeboten wurde.

»Nein, du zuerst«, schaltete sich jemand ein. Geisel hin oder her – die Regel, dass Gäste als Erste an der Reihe waren, galt noch. Ich beeilte mich mit dem Trinken, weil ich wusste, dass andere warteten.

Als ich ausgetrunken hatte und die anderen sich unterhielten und tranken, bat ich um die Erlaubnis, austreten zu dürfen. Ich war dankbar, dass Wallakah derjenige war, der sich anbot, mein Aufpasser zu sein.

Während ich in der kühlen, verhangenen Morgenluft in der Hocke saß, hörte ich wieder das Geräusch eines Flugzeuges. Ich konnte nicht sehen, wer da oben war, aber jemand versuchte offensichtlich, uns aufzuspüren. Gab es einen Plan? Hatten wir drei mit den ganzen Taliban um uns herum überhaupt eine Chance, lebend da herauszukommen? Ich musste einsehen, dass der Versuch zwecklos war, die Einzelheiten herauszufinden. Ich hatte keinen Einfluss darauf.

Wallakah und ich gingen schweigend zurück zur Unterkunft. Direkt vor dem Eingang stand ein vielleicht zwölfjähriger Junge mit einem Wasserkrug in den Händen. Er hatte den Krug, der neben der Unterkunft stand, gerade gefüllt.

Wallakah zeigte lächelnd auf den Jungen. »Mudschaheddin-Übung«, sagte er zu mir. Es lag eine Spur von Stolz in seiner Stimme.

Ich war erstaunt und erfreut, einen Jugendlichen zu sehen. Er war etwa einen Meter vierzig groß, schlank, und sein Gesicht trug weiche Züge. Mein erster Impuls war, ihm zum Gruß die Hand zu reichen. Als der Junge jedoch seinen Kopf hob und sein Blick mich traf, erschrak ich. Es war ein Blick voller Zorn und Hass.

Ich versuchte, nicht zu reagieren, aber ich spürte, wie auch in mir Zorn aufstieg – nicht wegen des Jungen, sondern wegen seiner Lebensumstände. Genau wie bei dem Kind, das uns auf unserem langen Marsch am Mittwoch das Wasser gebracht hatte, fragte ich mich, ob die Taliban das Leben dieses Jungen an sich gerissen und sein Denken vergiftet hatten, indem sie ihm Hass gegen alles und jeden Fremden eintrichterten. Oder war er zornig wegen seines Mangels an Möglichkeiten, wegen der Bildung und der Freiheit, die ihm nie zuteilwürde?

Ich nickte dem Jungen zu und trat an ihm vorbei an das Becken, um mir die Hände und das Gesicht zu waschen. Mitleid und Traurigkeit vermischten sich mit meinem Zorn. Dieser kleine Kerl war nicht viel älter als meine eigenen Kinder, aber sein Leben wurde in eine völlig andere Richtung gelenkt.

Als ich die Unterkunft betrat, nahm ich wieder eine Veränderung im Verhalten unserer Geiselnehmer wahr - geschäftiger, mit mehr Eile. Die lockeren Gespräche waren eingestellt worden. Niemand lächelte. Alle bewegten sich hastig und packten ihre Habe zusammen.

Mir fiel Haqqanis Ankündigung von Donnerstagmorgen wieder ein, dass wir drei Tage Zeit hatten, um ihre Forderungen zu erfüllen. Ich bemerkte, dass Rafiq und Farzad in der Ecke kauerten und mit ernster Miene miteinander sprachen. Bevor ich sie fragen konnte, um was es ging, wurden wir alle hinausgetrieben.

Der Schlächter stieß mich mit seiner AK-47 vorwärts. Wir gingen nach links auf denselben Berg zu, auf dem wir tags zuvor telefoniert hatten. Rafiq ging neben mir. Der Kommandeur begleitete uns. Der Rest der Gruppe - inklusive Farzad - wandte sich jedoch nach rechts in die Richtung, in die wir am vergangenen Abend gelaufen waren. Meine Besorgnis erreichte einen neuen Höhepunkt.

Wir werden getrennt. Unsere Einheit wird geschwächt. Es gibt so viel mehr Taliban als vorher. Was wird mit Farzad geschehen? Werden wir ihn je wiedersehen? Was wird mit uns passieren? Zu den Geiselnehmern, die jetzt bei uns sind, habe ich durchweg keinen guten Draht: der Kommandeur und der Schlächter, der so bedrohlich aussieht, dass ich ihn kaum ansehen kann. Das ist wirklich hart.

Als wollte er meine Befürchtungen bestätigen, kam Rafiq beim Laufen etwas näher zu mir und flüsterte: »Siehst du, was die hier machen? Sie trennen Farzad von uns. Das gefällt mir gar nicht.«

Anders als am Vortag kletterten wir diesmal ganz hoch auf den Berg, der einen flachen Gipfel hatte. Es war wärmer als an den vergangenen Tagen, bestimmt über fünf Grad. Vereinzelt verdeckten Wolken den ansonsten blauen Himmel. Von hier aus konnten wir kilometerweit in das unter uns liegende Tal blicken.

Der Kommandeur gab mir das Telefon. »Ruf deine Leute an«, sagte er.

Roy nahm sofort ab.

»Lass mich dir kurz zusammenfassen, was sich seit gestern Nachmittag ereignet hat«, sagte ich zu ihm. Ich berichtete von der wachsenden Anzahl der Taliban, von dem Festessen und davon, dass Farzad nicht mehr bei uns war. Plötzlich war die Leitung tot.

Da haben wir es wieder, dachte ich. Ich versuchte mehrmals, wieder durchzukommen, aber ohne Erfolg. Endlich gelang es. Roy verband mich mit Dean.

»Dilip, kannst du beschreiben, wie sie sich euch gegenüber verhalten?«, fragte Dean.

»Ganz okay. Bis jetzt.«

»Gut«, sagte er. »Ich habe eine Bitte an dich. Kannst du, wenn möglich, mit deinem Smartphone ein Bild machen und es uns schicken?«

»Ein Bild?«, fragte ich.

»Ja. Wenn du einige der Berge, das Tal und den Stand der Sonne anzeigen könntest, wäre das sehr hilfreich.« Ich dachte darüber nach. Ich hatte meine Zweifel, ob ich das hinbekommen würde. Andererseits könnte es funktionieren, wenn ich es geschickt anstellte. Ich beschloss, dass ich es versuchen musste.

Ich unterbrach die Verbindung, redete aber weiter und tat so, als wären wir noch im Gespräch. Dabei ließ ich Rafiq wissen, was ich vorhatte, damit er sich noch mehr als sonst bemühen konnte, den Kommandeur und den Schlächter abzulenken.

Dann schaute ich genervt aufs Display und lief im Kreis, als hätte ich mit Empfangsproblemen zu kämpfen. An einer Stelle knapp zehn Meter von den anderen entfernt blieb ich stehen. Ich fand die Kamerafunktion des Smartphones. Als ich glaubte, dass niemand hinsah, brachte ich die Kamera schnell in Position und drückte auf den Auslöser.

Bei meinem Handy geht das Fotografieren leise vor sich. Das hatte ich beim Telefon des Kommandeurs auch erwartet. Als ich den Auslöser betätigte, vernahm ich mit Schrecken einen Ton wie von einem alten Fotoapparat - ein lautes *Klick*.

Der Schlächter hatte es gleich gehört. »Hast du etwa gerade ein Foto gemacht?«

Mein Herz schlug plötzlich doppelt so schnell. »Nein. Nicht, dass ich wüsste.«

Ich wechselte schnell wieder in den Anrufmodus zurück. Der Schlächter hastete herbei und riss mir das Telefon aus der Hand. Er tippte darauf herum, bis er die Galerie des Smartphones gefunden hatte, darin auch das Bild, das ich gerade geschossen hatte. »Und ob du ein Foto gemacht hast!«

Ich kämpfte gegen das Gefühl von Panik an, das in mir aufstieg, und zwang meine Stimme dazu, gefasst zu bleiben. »Ähm, das tut mir leid«, sagte ich, »vielleicht bin ich irgendwo draufgekommen. Ich bin das Handy nicht gewöhnt.« Der Schlächter löschte das Bild und sah mich durchdringend an, sagte aber nichts weiter.

Das war's dann. Weitere Versuche würde ich nicht starten. Ich konnte davon ausgehen, dass ich den Argwohn des Schlächters gerade gefährlich überstrapaziert hatte.

Ein paar Minuten später jedoch war der Anruf für uns beide schon wieder vergessen. Wir saßen etwa acht Meter vom Hang entfernt. Alle vier drehten wir unsere Köpfe zum Tal hin, als wir ein Motorengeräusch hörten.

In ungefähr acht Kilometern Entfernung erhob sich eine Staubwolke in der Ebene. Sie stammte von einem schwarzen Hilux und einem Motorrad, das dahinter folgte. Sie fuhren quer durch das Tal, von der linken auf die rechte Seite von uns aus gesehen. Schweigend sahen wir eine Weile lang zu. Dann hielten die Fahrzeuge an. Menschliche Figuren strömten aus den Türen und von der Ladefläche des Wagens, vielleicht fünfzehn Personen. Viele von ihnen trugen längliche Gegenstände, höchstwahrscheinlich Waffen.

»Die gehören zu den pakistanischen Taliban in Waziristan«, sagte der Kommandeur und stand hastig auf. »Sie kommen, um euch zu holen.«

Haqqani hatte es ja angekündigt. Dennoch konnte ich nicht glauben, dass seine Voraussagen tatsächlich eintrafen. Der Schlächter war auch aufgesprungen. Er winkte Rafiq und mir wild zu. »Bewegt euch«, befahl er. »Lauft.«

Unsere Entführer duckten sich beim Laufen, scheinbar aus Angst, gesehen zu werden. Das ergab für mich keinen Sinn. Wenn die Männer im Tal doch Taliban waren, warum rannten diese Leute dann davon? Ich würde mich jedoch hüten, eine Diskussion darüber anzuzetteln. Mir lag nicht daran, zu jenen Männern zu gelangen.

Plötzlich hielt ich an. »Mein Rucksack«, sagte ich und zeigte auf einen Felsen zwanzig Meter entfernt, neben dem er lag. »Ich habe ihn liegen lassen.« Dieser Rucksack bedeutete mir viel. Ich wollte ihn zumindest als Andenken behalten, falls ich überlebte. Ich wollte ihn jetzt nicht verlieren.

Rafiq übersetzte meine Worte. Der erboste Gesichtsausdruck des Schlächters zeigte deutlich, dass er nicht geneigt war, das Gepäck des Ausländers einzusammeln. Aber als der Kommandeur ein paar Worte ausstieß, kletterte der Schlächter zurück auf unseren Gipfel und schnappte sich meinen Rucksack.

Wir rannten in gebeugter Haltung aus der Sichtweite des Hilux und seiner Passagiere, bis wir die Rückseite des Berges erreicht hatten. Dann ging es schnellen Schrittes abwärts und wir ließen den Berg hinter uns. Ich musste an Farzad denken. Gingen wir nicht in die entgegengesetzte Richtung, in die sie ihn geführt hatten?

Wir näherten uns wohl oder übel der Endstation.

DIE TALIBAN TROCKNEN MEINE TRÄNEN

Samstag, 11.00 Uhr

Während der nächsten halben Stunde wurden nur wenige Worte gewechselt. Atemlos liefen wir über Hügel und Sanddünen. Schweißperlen bildeten sich auf meiner Stirn und in meinem Nacken. Die Temperatur stieg über fünfzehn Grad, und die Hitze der Sonne wurde noch durch unsere Anstrengung verstärkt. Meine Lippen waren spröde. Ich wäre zu diesem Zeitpunkt bereit gewesen, alles zu trinken, mit oder ohne Parasiten.

Immerhin erwartete mich eine andere Art der Erleichterung hinter dem nächsten Hügel. Gut dreißig Meter vor uns war der Rest unserer ursprünglichen Gruppe auf demselben Weg – einschließlich Farzad.

Wir beeilten uns, sie einzuholen. Weil weder die Taliban noch Farzad überrascht zu sein schienen, schloss ich, dass sie sowieso vorgehabt hatten, uns wieder zusammenzuführen. Aber weder Rafiq noch ich hatten das geahnt. Wir waren außer Puste, sodass wir nichts sagten, aber an Rafiqs Grinsen konnte ich ablesen, dass er genauso überglücklich war wie ich, wieder mit unserem Freund vereint zu sein.

Nicht zum ersten Mal war ich dankbar für meine zwei Freunde. Rafiq hatte viel dafür getan, Spannung abzubauen, indem er häufig mit unseren Geiselnehmern gesprochen und die Gespräche auf leichte Themen gelenkt hatte. Auch Farzads ausgeglichenes Verhalten hatte dazu beigetragen, alle bei Laune zu halten. Das bedeutete mir sehr viel. Ich konnte mir nicht vorstellen, das alleine auszuhalten.

Ein paar Minuten später schlängelte sich der schmale Pfad um einen weiteren Berg herum und wir gelangten zu einem Wasserloch. Es war vielleicht einen mal anderthalb Meter groß. Mit einigen der anderen kniete ich mich hin und tauchte meine Hand ein, um einen Schluck zu nehmen. Das kühle Wasser war so erfrischend, dass ich eine weitere Handvoll schöpfte.

Mein »alter Freund«, Hoffnungslos, sah zu. Nachdem ich vier Handvoll getrunken hatte, wurde er ungeduldig. Er wies mich an, aufzustehen und weiterzugehen. Als ich wieder stand, warf er einen langen Blick hinter uns, scheinbar um sicherzugehen, dass uns niemand folgte.

Obwohl ich mir keinen Reim darauf machen konnte, trieb man uns immer noch zur Eile, um den anderen Taliban zu entkommen.

Unser Weg wurde steiler und wir mussten bald eher klettern als marschieren. Wir liefen in Gruppen von drei bis vier Leuten auseinander, aber ich sah, dass wir alle auf den Gipfel des braunen, kargen Berges vor uns zusteuerten. Als die Ersten weniger als dreißig Meter vom Gipfel entfernt waren, hielten sie an und warteten auf uns. Dann gelangten wir zu ihnen und ich konnte ein wenig im Schatten Luft holen. Über uns wuchs ein circa sechs Meter hoher Wüstenbaum mit kleinen dunkelgrünen Blättern. Ich war dankbar für die kurze Erholung.

Dem Stand der Sonne nach zu urteilen war es Mittag, als wir die Bergspitze erreichten. Der Aufstieg war anstrengend gewesen, doch die Aussicht beeindruckte mich. Zum ersten Mal seit Tagen bekam ich etwas anderes zu Gesicht als staubige Hügel und Felsen. Vor uns breitete sich ein weites Tal von vielleicht fünfzehn Kilometern Länge aus. Hier und da verstreut sah man Anzeichen von Leben – gepflügte Felder, Häuser, sogar Dörfer. Fünf oder sechs Kilometer entfernt verlief eine Straße neben einem Flusslauf parallel zum Horizont. An der hinteren Seite des Tals ragte eine weitere Gebirgskette in den Himmel.

Rafiq stand neben mir. Er bewegte seinen Kopf nicht, als er mit den Augen auf das Tal deutete. »Siehst du, wo wir sind?«, flüsterte er.

»Ist das die Autobahn von Kabul nach Dschalalabad?«, gab ich leise zurück. »Und der Kabul-Fluss?«

»Ja.«

Es war beruhigend, wenigstens eine Ahnung davon zu haben, wo wir uns befanden.

Die Leiter unserer Gruppe – darunter der Kommandeur, der Schlächter, Wallakah und Haqqani – standen in einem Kreis neben dem Abhang und verbrachten einige Minuten in einer angeregten Diskussion. Mullah senior posierte auf einem großen Felsen rechts am Rand des Abhangs und schaltete sich ab und zu ein. Ich verstand natürlich nicht, was sie sagten, aber ich nahm an, dass sie sich über den nächsten Schritt berieten. Der Kommandeur erhielt derweil eine ganze Reihe von Anrufen auf seinem Telefon.

Nach diesem Gespräch kam der Kommandeur zu mir herüber und reichte mir sein Telefon. »Ruf deine Leute an«, sagte er.

Die Erwartungen unserer Geiselnehmer in diesem Moment waren förmlich spürbar. Es war Stichtag. Wenn nicht bald etwas geschah, würden wir Probleme bekommen.

Erst nach drei Anläufen erreichte ich Roy. Als er abnahm, sagte er: »Dilip, wir sind bereit zu verhandeln. Wir haben auch einen Übersetzer hier.«

Ich holte tief Luft. Auf diesen Moment hatte ich lange gewartet, ja, gehofft und befürchtet, er käme nie. Irgendwie hatten meine

Kollegen, die Familie und Freunde wohl genug Geld zusammenbekommen, um diesen Prozess in Gang zu setzen.

»Großartig«, sagte ich. »Ich gebe das Telefon weiter.«

Ich schaute gespannt zu, als der Übersetzer am Telefon mit dem Kommandeur sprach. Der Kommandeur übermittelte Rafiq die Nachricht, der sie an mich weitergab: »Sie bieten ein Lösegeld von neuntausend Dollar an.«

Was? Habe ich richtig gehört?

Rafiq bestätigte: neuntausend.

Meine erste Reaktion war nicht gerade von großer Dankbarkeit geprägt: *Ich kann nicht glauben, dass ich denen gerade einmal neuntausend Dollar wert bin!* Dann wurde mir bewusst, dass das Angebot gar nicht für mich allein galt, sondern für uns alle drei.

Wir werden sterben. Sie werden uns auf der Stelle erschießen.

Aber erstaunlicherweise hielt sich die Verärgerung des Kommandeurs und der anderen über dieses Angebot in Grenzen. »Wir gehen von den Dreihunderttausend nicht einen Cent runter.« Sein Ton war gelassen, nicht streitsüchtig. Das Telefongespräch ging weiter.

Hm, dachte ich, *so lauten hier anscheinend die Spielregeln. Keiner der Beteiligten erwartet, dass man gleich auf das erste Angebot einsteigt.*

Im Lauf der Verhandlungen ging mir auf, dass ein niedriges Angebot vielleicht doch der beste Einstieg gewesen war. Je weniger Geld in die Hände der Aufständischen gelangte, umso besser. Ich wusste nur zu gut, wie die Mittel hier genutzt wurden.

Der Kommandeur beendete das Gespräch mit Roys Team und startete eine neue, ausgiebige Diskussion mit dem Rest unserer Entführergruppe. Neben ihnen ging es steil den Abhang in das weite Tal hinunter.

Wallakah suchte Blickkontakt zu mir und legte seine Hand auf sein Herz. Zu meiner Überraschung tat Ahmed kurz darauf dasselbe. Ich wusste ihre ermutigenden Gesten zu schätzen.

Dann kam der schwarz gekleidete Talib auf mich zu. »Sprichst du Urdu?«, fragte er in eben dieser Sprache.

»Sehr wenig«, antwortete ich auf Hindi, das dem Urdu ähnlich ist. Ich konnte mich auf Hindi ziemlich gut verständigen und verstand von gesprochenem Urdu etwa zwanzig Prozent. Das reichte nicht für tiefer gehende Gespräche, aber die Tatsache, dass mein Gegenüber überhaupt versucht hatte, Urdu mit mir zu sprechen, ermutigte mich.

Der Rest der Gruppe beachtete mich derzeit nicht. Das Stimmengeschwirr rund um den Kommandeur schwoll an. Er erhielt immer mehr Anrufe. Dann mischte sich Rafiq kräftig in die Diskussion ein. Alle Gesichter waren ernst und angespannt. Schließlich ging es um Leben und Tod - wahrscheinlich von mir. Zu gerne hätte ich gewusst, über was sie sprachen.

Unvermittelt wandte sich der Kommandeur an mich. »Du musst mit deiner Organisation sprechen. Sag ihnen, dass wir es ernst meinen mit den Dreihunderttausend. So lautet unsere Forderung - und nicht anders.«

Die Anweisungen des Kommandeurs wurden von einem weiteren Anruf unterbrochen. Seine Miene verfinsterte sich, während er der Stimme am anderen Ende der Leitung lauschte. Als er aufgelegt hatte, sah der Kommandeur mich an und bedeutete Rafiq, für mich zu übersetzen: »Die pakistanischen Taliban bieten uns fünfzigtausend Dollar, wenn wir euch an sie ausliefern. Das ist viel mehr, als deine Organisation uns anbietet.«

»Viele NGOs, so auch unsere, sind klein«, sagte ich. »Sie haben keine Rücklagen, die für Notfälle wie diesen bereitliegen.«

Der Kommandeur unterbrach Rafiqs Übersetzung und nahm das Gespräch mit den anderen wieder auf.

Ich hatte einmal mehr gegen das Vorurteil zu kämpfen, alle Ausländer und ihre NGOs würden in Geld schwimmen. Ich erinnerte mich an einige vergangene Gespräche mit unterschiedlichen Dorfältesten. Ihnen hatte ich erklärt, dass wir zwar gekommen seien, um zu helfen, dass sie aber, um ihren Bedarf zu decken, auf bestehende Vermögen zurückgreifen müssten. Sie sollten bei der Lösung all ihrer Probleme nicht auf Spenden von außerhalb setzen. Ich hatte immer versucht, den Dorfbewohnern den Unterschied klarzumachen zwischen unserer anleitenden Rolle als Ratgeber und ihrer Verantwortung, die Entwicklung der Dinge selbst in die Hand zu nehmen.

Freilich befanden wir uns nun in einer anderen Situation, aber die Denkstruktur war ähnlich – eine Gruppe Afghanen aus der Provinz hoffte, durch ausländisches Geld ihr Schicksal zu verbessern.

Ich wünschte, ich könnte diesen Leuten helfen und ihnen einen besseren Lebensweg zeigen. Das war schließlich einer der Gründe, warum ich hierhergekommen war – den Menschen einen neuen Blick auf ihre Situation zu ermöglichen. *Wenn sie doch nur ihr Potenzial erkennen würden! Sehen sie denn nicht, dass ihr Lebensstil sie in eine Sackgasse führt?*

Ich beobachtete den Kommandeur aus etwa fünf Metern Entfernung. Sein ruhiges Auftreten der letzten Tage verlor langsam an Boden, je öfter sein Telefon klingelte und die Diskussionen mit den anderen Taliban hitziger wurden. Er legte jetzt öfters die Stirn in Falten und hob von Zeit zu Zeit den Arm, wenn er etwas sagen wollte. Einige der anderen schienen auch unruhiger geworden zu sein. Ihre Stimmen wurden lauter und sie gingen unruhig auf und ab. Es überraschte mich nicht, dass die traurigsten Gestalten Hoffnungslos und der Schlächter waren.

Der Kommandeur winkte mich zu sich. »Wir müssen das in den nächsten paar Stunden zu Ende bringen«, sagte er durch Rafiq,

»oder eure Lage wird sich bedeutend verschlechtern. Die pakistanischen Taliban haben gesagt, ich soll euch an sie übergeben.«

Die Anspannung und der Frust übertrugen sich auf mich. Wie sollte das jetzt noch ein gutes Ende finden? Ich setzte mich in den Dreck und verbarg meinen Kopf unter meiner Kapuze. Die Hitze der Sonne erinnerte mich daran, wie müde und durstig ich war.

Herr, betete ich leise, den Kopf gebeugt, *es sieht überhaupt nicht gut aus für uns. Bitte berühre irgendwie ihre Herzen und lass sie einen besseren Ausweg finden.*

Plötzlich schlug etwas Hartes in meine Seite direkt unter die Rippen. Schmerz durchfuhr mich. Ich drehte mich um und sah hinter mich. Da stand der Schlächter und hielt den Kolben seiner AK-47 so, als wollte er gleich noch mal zuschlagen.

»Warum hast du das gemacht?« Ich brüllte fast. »Was hab ich dir denn getan?« Er hatte vielleicht meine Worte nicht verstanden, aber sicher deren Bedeutung.

Mit meinem Protest erhob sich auch Einspruch vonseiten der Taliban um uns herum. Ich brauchte keine Übersetzung, um das Wesentliche zu verstehen: »Mach das nicht noch mal!«

Ich war geschockt und wütend, aber gleichzeitig auch dankbar, dass die anderen – wenigstens für einen Moment – scheinbar auf meiner Seite standen.

Der Schlächter ließ von mir ab, beruhigte sich wieder und sagte etwas zur Gruppe.

»Er ist sehr frustriert«, sagte Rafiq leise zu mir. »Er will, dass sich endlich etwas bewegt.«

Der Kommandeur nahm die Sache in die Hand. »Lasst uns das besprechen«, sagte er und winkte Rafiq herüber. Der junge Mann, den ich für seinen Assistenten hielt, war auch dabei, ebenso Haqqani und der Urdu-Sprechende. Sie setzten sich auf den langen, flachen Felsen am Rand des Abgrunds, auf dem Mullah senior noch immer saß. Der Fels war einen guten Meter hoch und vielleicht drei Meter lang. Ich dachte darüber nach, wie leicht er sich vom Massiv lösen und sie alle den Berg hinunterbefördern könnte. Aber sie schienen kein bisschen besorgt deswegen. In mehr als einem Sinn waren diese Leute gewohnt, am Rande des Abgrunds zu leben.

Mit drei Metern Abstand beobachtete ich die Unterhaltung etwa eine halbe Stunde lang. Zweifellos würde bald etwas passieren. In gewisser Weise glichen wir alle einem Felsbrocken, der den Berg hinunterrollte, immer schneller und schneller. Früher oder später würde unser Felsbrocken entweder ausrollen und liegen bleiben oder irgendwo aufschlagen und zerbersten.

Während ich dasaß und darüber nachdachte, vernahm ich das vertraute Geräusch eines kleinen Flugzeuges. Ich sah auf und zum ersten Mal sah ich es in der Ferne vor der makellos blauen Kulisse vorbeifliegen. Ich schätzte, dass es sich um eine Piper Cherokee handelte. Aber welches Modell auch immer - ich war dankbar, es zu sehen, und hoffte, dass jemand Wohlgesonnenes uns folgte.

Leider war ich nicht der Einzige, der das Flugzeug bemerkt hatte. Sein Auftauchen schien die Anspannung unter den Taliban zu erhöhen. Sie sprachen nun noch lauter und gestikulierten wilder. Sogar Hoffnungslos, der sonst kaum etwas sagte, hatte einen Wutausbruch. Neugierig wandte ich mich an Rafiq und fragte, was er gesagt hatte.

Er schüttelte den Kopf. »Er hat gesagt, dass er das ganze Gerede leid ist«, antwortete Rafiq. »Sobald ihm jemand den Befehl dazu erteile, würde er uns mit Vergnügen fertigmachen.«

Ich schluckte und wünschte, ich hätte nicht gefragt.

Bald darauf wandte sich Rafiq vom Gespräch der Taliban ab und flüsterte mir zu: »Ich habe versucht, sie dazu zu bringen, uns alle drei freizulassen.« Dann setzte er sich wieder zu ihnen.

Kurze Zeit später stand die ganze Gruppe auf. Der Kommandeur ließ Rafiq einen Anruf machen. Weil Rafiq am Telefon Englisch sprach, musste es wohl Roy oder Dean sein.

Ich ging näher ran.

Dann bedeckte Rafiq das Telefon mit der Hand. Sein Kiefer verkrampfte sich, während er sprach. »Die Taliban sprechen davon, nur mich und Farzad freizulassen, um Geld für dich zu bekommen. Dean sagt, wir sollten gehen. Aber ich werde dich nicht allein lassen.«

Das klang nicht gut. Ich nahm das Telefon. »Dean, mir macht das wirklich Sorgen, dass sie uns trennen wollen.«

»Dilip«, sagte er, »dass Rafiq und Farzad gehen, ist eine großartige Idee.«

Großartige Idee? Ich würde meine Freunde hergeben müssen, meinen Übersetzer, meine einzige Verbindung zu unseren Geiselnehmern. Ich würde ganz allein sein. »Was soll daran bitte großartig sein? Ich könnte dann gar nicht mehr mit diesen Leuten sprechen. Ich denke nicht, dass ich das allein schaffen kann.«

Deans Stimme war warm und beruhigend: »Vertrau mir in dieser Sache, Dilip. Das ist das Beste, was euch passieren konnte.«

Ich umklammerte das Telefon fester und versuchte, meine Gefühle unter Kontrolle zu halten. Dean war ein Profi. Ich wollte ihm glauben. Aber ich wollte nicht mit diesen Leuten alleingelassen werden. Ich holte tief Luft. »Ich werde dir vertrauen müssen«, sagte ich, »aber ich verstehe das überhaupt nicht.«

Gleich nachdem ich das Gespräch mit Dean beendet hatte, rief der Kommandeur Wallakah zum Felsen hinüber und teilte ihm kurz etwas mit. Was immer es auch war, Wallakah fand es nicht gut. Er sprach lauter und sein Gesicht lief rot an.

Dann begann Wallakah, aus Leibeskräften herumzuschreien. Das meiste verstand ich nicht, aber ein Teil war klar: »Pakistan Madrassa! Pakistan Madrassa!« Der Kommandeur hob mit ausdrucksloser Miene die Hände, um Wallakah zu beschwichtigen.

Wallakah war offensichtlich gegen das Vorhaben, uns zu trennen, vielleicht auch aufgrund seiner Position in der neuen Gruppenzusammensetzung. Er wollte wohl in etwa sagen: »Ihr wisst nicht, was ihr da tut. Ich will da nicht mehr länger mitspielen. Ich gehe nach Pakistan und schließe mich einer Religionsschule an.«

Ich legte meine Hand auf mein Herz und suchte Blickkontakt zu Wallakah. Ich wollte ihm die gleiche Botschaft vermitteln, die er mir in den letzten drei Tagen so oft gezeigt hatte: Es ist in Ordnung. Mach dir keine Sorgen. Es wird gut.

Dann kam Rafiq zu mir. Ich sah den Kummer in sein Gesicht geschrieben. Er konnte mir nicht in die Augen schauen. »Sie haben beschlossen, uns zu trennen«, sagte er. »Ich möchte das nicht tun.«

Ich wollte es auch nicht. Es stand ihm ins Gesicht geschrieben wie schwer es ihm fiel, mich zu verlassen, und wie er sich sorgte, was mit uns allen geschehen würde. Aber Dean hatte gesagt, dass diese Trennung eine gute Entscheidung war. Und wir hatten keine Wahl.

»Geh«, sagte ich, und meine Augen füllten sich mit Tränen. »Geh zu Roy und besprecht, was als Nächstes zu tun ist.«

»Dilip, ich werde alles, was ich habe, verkaufen«, sagte Rafiq. »Ich werde das Geld zusammenbekommen. Alles, was in meiner Macht steht.«

Jetzt schien das ganze Lager in Bewegung zu geraten, alle machten sich fertig zum Aufbruch. Farzad kam zu Rafiq und mir herüber.

In den letzten drei Tagen hatte ich mich ruhig und stark gefühlt, getragen von Frieden, obwohl ich eine Geisel in den Händen gefährlicher Rebellen und ständig mit dem Tod bedroht war. Jetzt jedoch brach in mir alles zusammen. Ich sah keine Möglichkeit, wie ich das alles ohne meine beiden Freunde, die all das Leid mit mir geteilt hatten, durchstehen sollte. Würde ich sie je wiedersehen?

Der Kommandeur und einige andere Taliban betraten den Pfad, der den Berg hinunterführte. Es war Zeit zum Abschied. Aufgrund unserer Sprachbarriere konnten Farzad und ich nicht viel zueinander sagen. Aber seine Augen drückten die gleiche Sorge, Mitgefühl und Trauer aus, die ich empfand. Rafiq indessen hob nun seinen Kopf und sah mich nun doch an. Seine Augen waren auch geschwollen.

Ich nahm meinen Rucksack von den Schultern und reichte ihn Rafiq. Die Taliban hatten die meisten meiner Habseligkeiten an sich genommen, aber meine medizinischen Vortragsskripte waren noch im Rucksack. Ich hatte über die Jahre hart daran gearbeitet, meine Vorträge für die Krankenstationen auf dem Land zu verfeinern. Falls ich nicht überleben sollte, sollten Cilicia und die Kinder wenigstens dieses Zeugnis meiner Arbeit unter den Menschen hier erhalten.

»Wenn du nach Kabul kommst«, sagte ich, »dann gib das an Roy.«

Rafiq nahm den Rucksack entgegen. Dann nahm er sein kariertes Tuch ab und legte es mir um den Hals. »Behalte das, damit dir nicht kalt wird«, sagte er mit bebender Stimme. »Ich verspreche dir, dass wir dich holen kommen.«

Tränen liefen mir übers Gesicht, als ich ihn und Farzad fest umarmte. Sie gingen ein paar Meter bis an den Rand des Gipfelplateaus. Dann drehten sie sich noch einmal um. Rafiq deutete auf sein Herz. Farzad spreizte seine Finger vor der Brust. Das hieß, ich sollte ein weites Herz und Mut haben.

»Ja, Farzad«, sagte ich, »das werde ich.«

Sie drehten sich wieder um und folgten dem Kommandeur und seinem Assistenten. Der Kommandeur winkte den Urdu-Sprechenden, der bei mir stand, ebenfalls zu sich. Ich gab dem Urdu-

Sprechenden ein Zeichen und wollte damit ausdrücken: »Kannst du nicht bleiben?« Wenn er bei mir bliebe, könnte ich wenigstens ein bisschen mit diesen Leuten kommunizieren.

Meine Verzweiflung wuchs, als der Urdu-Sprechende sich schnell zum Gehen wandte. Es tat ihm leid, dass er mich verlassen musste, und er konnte mir nicht in die Augen schauen. Oder hatte er es nur eilig, den Kommandeur und die anderen einzuholen? So oder so hatte ich meine letzte Möglichkeit verloren, mit meinen Geiselnehmern zu sprechen. Hintereinander begannen Rafiq, Farzad und die anderen mit dem Abstieg. Sekunden später waren sie nicht mehr zu sehen.

Kurz danach verließen uns der Schlächter und Haqqani und schlugen einen anderen Weg bergab ein. Plötzlich waren wir nur noch zu sechst: Wallakah, Hoffnungslos, Ahmed, die Mullahs senior und junior und ich.

Ich setzte mich vor einen großen Felsen und senkte meinen Kopf. Tränen liefen mir über mein Gesicht und ich konnte das Schluchzen nicht unterdrücken. Ich hatte mich noch nie so allein gefühlt.

Mich erstaunte, was dann geschah. Ahmed, der junge Ringkämpfer, der mich zwei Tage zuvor in den Schwitzkasten genommen hatte, kam herüber, hockte sich vor mich und wartete, bis ich meinen Kopf hob. Er schaute in meine geröteten Augen. Ich sah keinen Zorn, keinen Hass und keine Verachtung in seinem Gesicht. Stattdessen entdeckte ich dort Mitleid. Langsam löste Ahmed einen Teil des Tuches, das er um Kopf und Hals geschlungen hatte. Ich war fassungslos, als er begann, ganz behutsam die Tränen von meinen Wangen zu tupfen. Vor Erstaunen wusste ich nicht, was ich tun sollte. Dann klopfte er sich mit der Hand auf die Brust, stand wortlos auf und ging fort.

Mein Schluchzen verebbte. Bevor ich mich jedoch von diesem erstaunlichen und unerwarteten Zwischenspiel erholen konnte, trat Wallakah in mein Blickfeld, ging vor mir in die Hocke und benutzte sein Tuch, um meine Tränen zu trocknen. Auch er schlug sich ans Herz.

Es war unvorstellbar, aber nachdem Wallakah aufgestanden war, nahm auch Mullah junior seinen Platz ein, nahm das Tuch, das sein Gesicht bedeckte, und trocknete damit die verbliebenen Tränen. Später ging mir auf, dass gerade er sich damit besonders verletzlich gemacht hatte, da er damit zum ersten Mal sein Gesicht zeigte.

Ich war überwältigt. Diese Männer waren Taliban, Entführer, die mit Mördern gemeinsame Sache machten. Zumindest Wallakah war selbst ein Mörder. Sie hatten mich und meine Freunde entführt, um Geld für einen gewaltsamen Aufstand zu erpressen. Dennoch hatte etwas an meiner Zwangslage eine Seite in ihnen angeschlagen und dann das Beste zum Vorschein gebracht, das Menschlichkeit zu bieten hat. Wir konnten uns vielleicht nicht mit Worten unterhalten, aber die Sprache des Mitgefühls ist allgemein verständlich.

DIE LETZTE NACHT

Samstag, 15.30 Uhr

Wallakah winkte mich herüber und lud mich zu den anderen ein, die auf dem Berggipfel im Kreis saßen. Immer noch bewegt von dem, was sich soeben ereignet hatte, nahm ich ohne Zögern neben meinen Entführern Platz. Wohl oder übel lag mein Schicksal nun in den Händen dieser Männer. Rafiq und Farzad waren weg und hoffentlich auf dem Weg in die Freiheit. Ich war allein. Mein Verstand ratterte auf der Suche nach Lösungsmöglichkeiten. Wenn ich diese Leute überreden könnte, mich gehen zu lassen! Ich könnte mit ihnen in Kontakt bleiben, nach Kabul trampen und sie mit Geld von meinen Freunden und meiner Familie bezahlen. Aber wie sollte ich sie davon überzeugen, mich freizulassen? Das war eine verrückte Idee, aber ich war verzweifelt. Hoffnungslos machte ein Feuer neben unserer Runde. Der große Fels, auf dem Mullah senior immer noch saß, diente als Windschutz. Interessiert schaute ich zu, wie Hoffnungslos dann den Putzstock seiner Kalaschnikow entfernte, eine Plastiktüte mit dem übrigen Fleisch vom Vorabend hervorzog und den Stock benutzte, um die Fleischstücke daran aufzuspießen. Er rammte einige Stöcke in den Boden neben dem Feuer und errichtete damit eine notdürftige Halterung für den Stock. Innerhalb kürzester Zeit wurde uns gegrilltes Lamm serviert.

Ich war unglaublich durstig, doch wir hatten kein Wasser. Ich sagte wiederholt *Pani,* das Hindi-Urdu-Wort für Wasser, und zeigte in die Richtung, aus der wir gekommen waren, denn ich dachte an das Wasserloch, an dem wir vorbeigelaufen waren. Aber die Antwort war immer »Kein *Pani.*«

Anscheinend wollten sie den Weg nicht zurückgehen. Sie mussten wohl immer noch befürchten, von den anderen Taliban entdeckt zu werden.

Schließlich holte Mullah senior noch einen *Fresh & Cool*-Gummidrop aus seiner Tasche und reichte ihn mir. Das half, für ein paar Minuten etwas Speichelflüssigkeit zu produzieren, doch machte mich anschließend noch durstiger.

Nach dem Essen packten die Taliban ihre Sachen zusammen. Wir versammelten uns am Rand des Gipfels und begannen den steilen Abstieg den Hang hinunter ins Tal.

Wallakah lief neben mir. Wir waren gerade losgegangen, als er mich in gebrochenem Englisch ansprach: »Rafiq, Farzad – *brothers.*« Er sprach es aus wie »Bah-rah-thers.«

Allein diese Aussage, dass er Rafiq und Farzad seine Brüder nannte, bedeutete mir viel. Eines meiner Lieblingssprichwörter im Afghanischen besagt: »Bei unserem ersten Treffen sind wir Freunde. Beim nächsten Treffen sind wir Brüder.« Wallakahs Worte erinnerten mich daran. Er hatte bemerkt, dass meine Beziehung zu Rafiq und Farzad mehr als nur Freundschaft war. Ihn schien die Tatsache zu berühren, dass ein Ausländer wie ich Menschen aus dem afghanischen Volk, seinem Volk, wie Brüder lieben konnte.

Aber Wallakah kümmerte sich, was mich betraf, auch ums Geschäft. Er zog ein Tuch hervor und wickelte es mir wie einen Turban um den Kopf. Dann nahm er das Tuch, das Rafiq mir gegeben hatte und das ich um den Hals trug, und schlang es mir ums Gesicht, sodass nur die Augen herausschauten. Er nahm darüber hinaus einen seiner Munitionsgürtel ab und legte ihn mir um die Schulter.

»Du – ähm«, sagte er. »Du bist ein Mudschahed. Mudschahed aus Tschetschenien.« Ich verstand die Absicht. Falls wir jemanden trafen, sollte ich ruhig sein und mich als einen von ihnen verkaufen, ein »Freiheitskämpfer«.

Den Mudschaheddin-Part konnte ich begreifen. Aber warum aus Tschetschenien? Einem Russen sah ich nun wirklich nicht ähnlich. Es war aber aussichtslos, darüber zu diskutieren. Ich nickte einfach. Später wurde mir klar, dass er dabei an Mudschaheddin gedacht hatte, die für den Freiheitskampf in andere Länder gingen. Ich sollte jemanden darstellen, der in Tschetschenien gekämpft hatte.

Sollte ich mich nun besser oder schlechter fühlen, jetzt, da ich aussah wie meine Geiselnehmer? Würde man mich im Falle einer Befreiungsaktion erkennen?

Gleich danach fiel mir auf, dass Mullah junior immer noch sein Gesicht zeigte und sein Tuch nur um den Kopf gewickelt trug. Als er zur Gruppe gestoßen war, hatte Rafiq zu mir gesagt: »Es kann sein, dass ich ihn kenne, aber ich bin mir nicht sicher, weil ich sein Gesicht nicht sehen kann.« Wir nahmen an, dass er seine Identität vor uns oder zumindest vor Rafiq verbergen wollte. In gewisser Weise berührte es mich, dass Mullah junior mir gestattete, ihn zu sehen. Er fürchtete scheinbar nicht, von mir erkannt zu werden.

Mich berührte auch, wie besorgt sich meine Geiselnehmer auf dem Weg bergab um mich kümmerten. Mehrmals mussten wir von einem Fels auf einen anderen springen. Die anderen waren schnell bereit, mir ihre Hand zu reichen oder mich festzuhalten, damit ich nicht das Gleichgewicht verlor. Sogar Hoffnungslos streckte ab und zu seine Hand aus und sagte etwas wie »Sachte!« oder »Langsam!«.

Etwa eine Stunde später – der Tag neigte sich schon dem Ende zu – erreichten wir den Fuß des Berges. Ungefähr einen Kilometer weiter befand sich ein großes, einstöckiges Gebäude, das ich vom Gipfel aus gesehen hatte. Von dort oben hatte ich erkennen können, dass es einen uns zugewandten Abschnitt gab, der durch eine lange Mauer von mindestens zwei weiteren Teilen getrennt wurde. Jetzt liefen wir direkt auf das Gebäude zu und es zeichnete sich ab, dass dies unser Ziel war.

Als wir uns dem ersten Abschnitt näherten, sah ich, dass es wahrscheinlich ein einzelner Raum war, der wie gewöhnlich aus Steinen und Lehm errichtet war. Die lange Steinmauer, fast zwei Meter hoch, versperrte uns die Sicht auf den Rest des Komplexes. Diese Mauer verlief senkrecht zur Vorderseite des ersten Raumes und erstreckte sich etwa sechs Meter von dort aus nach rechts, sodass die Vorderfront und die Mauer zusammen ein L um eine nicht überdachte Terrasse bildeten. Der Boden war gleichmäßig mit Steinen und Lehm ausgelegt.

Wallakah führte uns über die Terrasse zu dem einzigen Eingang in diesen ersten Gebäudeabschnitt, der in der Ecke der L-Form lag. Als er durch die Türöffnung trat, rief er: »Oho, oho!«

Es war tatsächlich ein einzelner Raum, knapp fünf mal sechs Meter groß. Polster lagen auf dem ebenen, dreckigen Boden. Vier Luftlöcher, jedes ungefähr zehn Quadratzentimeter groß, dienten als Fenster in der langen Wand mit dem Eingang. Weitere fünf Löcher befanden sich in der gegenüberliegenden Wand.

Bald betrat ein Mann, schlank, in seinen Dreißigern, den Raum. Er war etwa einen Meter siebzig groß und trug einen dunklen *Salwar Kamiz*. Wallakah grüßte er, als würde er ihn kennen.

Wallakah machte ihn mit uns anderen bekannt. Als ich an der Reihe war, sagte Wallakah etwas wie: »Das ist ein Mudschahed, der in Tschetschenien gekämpft hat.« Ich legte meine Hand auf mein Herz und beugte mich leicht vor – die traditionelle afghanische Art, sich zu begrüßen. Dann setzte ich mich mit den anderen auf den Boden. Der Trick schien zu funktionieren. Ich bezweifelte, dass unser Gastgeber ahnte, dass ich eine Geisel war. Hoffnungslos, Ahmed und Mullah junior stellten ihre Kalaschnikows an die hintere Wand, die dem Eingangsbereich gegenüberlag. Ich legte meinen Munitionsgurt auch dort ab. Mullah senior trug keine Waffe. Als am Abend zuvor die Stimmung maßgeblich vom Geräusch des einmotorigen Flugzeugs geprägt worden war, hatten sich alle in erhöhter Alarmbereitschaft befunden und ihre Waffen stets griffbereit. Doch an diesem Tag hatten wir das Flugzeug seit dem frühen Nachmittag nicht mehr gesehen oder gehört. Meine Geiselnehmer machten sich jetzt weniger Gedanken um Sicherheitsfragen.

Wallakah bildete die einzige Ausnahme. Er hatte seine AK-47 geschultert. Ich sollte mir noch sehnlichst wünschen, dass er dem Beispiel seiner Kollegen gefolgt wäre.

Gerade hatte ich mich gesetzt, als ein weiterer Mann den Raum betrat. Der Schlanke von vorher stellte ihn als einen Mudschahed vor, der in Pakistan kämpfte. Als ich das hörte, war ich froh, dass ich als tschetschenischer Mudschahed ausgegeben worden war. Hätte Wallakah mich ebenfalls als Kämpfer aus Pakistan vorgestellt, hätte man von mir erwartet, ausführlich mit dem Fremden zu sprechen.

Der Neuankömmling sah aus wie frisch von der Kinoleinwand: stämmig und glatt rasiert mit kurz geschnittenem Haar. Er trug eine Tarnuniform im Stil der amerikanischen Armee. Seine Augen sahen aus, als hätte er sie mit Kajalstift umrandet. Wahrscheinlich hatte er Surma verwendet, ein Erz, das manche Afghanen auf dem Land zu Puder zermahlten und um ihre Augen herum auftrugen. Es sollte sowohl das Sehvermögen verbessern als auch Böses abwehren.

Was aber besonders die Aufmerksamkeit der Taliban auf sich zog, waren die hellbraunen Kampfstiefel des Fremden. Sie sahen aus wie neu. Den anderen war anzumerken, dass sie von diesem Mann und besonders seinem Schuhwerk beeindruckt waren. Im Laufe des Abends hörte ich das Wort »Stiefel« immer wieder, als sie sich unterhielten und Blicke auf ihn warfen.

Zu diesem Zeitpunkt fühlte sich mein Mund trockener an als die Registan-Wüste im Süden des Landes. Als ein Kessel mit Wasser herumgereicht wurde, trank ich fast die Hälfte davon aus. Wasser hatte noch nie so gut geschmeckt.

Bald folgte eine Runde Tee, die auch dazu beitrug, meinen Durst zu löschen. Natürlich konnte ich von den Gesprächen um mich herum nichts verstehen, und so blieb ich stumm und beobachtete. Nach mehreren Fußmärschen hatte ich mitbekommen, wie Hoffnungslos sich die Fußsohle rieb, scheinbar aufgrund von Schmerzen. Jetzt saß er in der Ecke und rieb sich wieder den Fuß. Ich sah, dass er seltsam gewölbt aussah, und fragte mich, ob ein Unfall seinen linken Fuß so verformt hatte.

Mit dem Untergang der Sonne war es in dem Raum schnell dunkel geworden. Der schlanke Mann brachte eine angezündete Kerosinlampe herein und stellte sie neben dem Eingang auf den Boden. Dann servierte er uns ein Abendessen. Unsere Mahlzeit bestand aus Lamm, Reis und *Nan* und war von jemandem vor Ort zubereitet worden. Obwohl ich nie andere Mitglieder des Haushalts zu Gesicht bekam, musste es irgendjemanden in einem der anderen Räume geben, der für uns kochte.

Es war im Zimmer warm genug gewesen, als wir eingetreten waren. Jetzt aber zog eine frostige Kälte durch die Öffnungen in den Wänden. Nach dem Essen begann unser Gastgeber, Steine in den Raum zu tragen und mit ihnen die Lüftungslöcher zu verschließen. Ich musste mir unwillkürlich vorstellen, wie nachts jemandem einer der größeren Steine auf den Kopf fallen könnte. In

Anbetracht all der Gefahren, die ich schon überstanden hatte, wäre es paradox, wenn ich im Schlaf von einem schlecht gesicherten Stein schwer verletzt würde.

Unser Gastgeber händigte jedem von uns zwei dicke Decken aus, fast ein Luxus in dieser Gegend. Eine Decke nahm er und befestigte sie mit Wallakahs Hilfe an einem dünnen Seil, das über dem Eingang befestigt war. Die Decke war dunkelbraun und von dicken schwarzen Senkrechtlinien durchzogen. Sie erinnerten mich an Tigerstreifen.

Sobald Hoffnungslos seine Decken entgegengenommen hatte, zog er sich an einen Platz in der hinteren Ecke des Raumes bei den Kalaschnikows zurück und legte sich hin. Bald darauf meinte ich, ihn schnarchen zu hören.

Der schlanke Mann brachte indessen einen Kessel und ein Tablett mit sechs oder sieben Gläsern für noch eine Runde Tee herbei. Ich war jedoch erschöpft und satt vom Abendessen. So beschloss ich, dem Beispiel des Hoffnungslosen zu folgen.

»Danke, nein, aber danke«, sagte ich und lehnte den Tee ab, der mir kurz darauf angeboten wurde. »Ich habe wirklich genug.« Plötzlich wurde mir bewusst, dass ich auf Englisch geantwortet hatte, aber weder unser Gastgeber noch sein anderer Gast zeigten irgendeine Reaktion. Vielleicht dachten sie, ich wollte mein Englisch verbessern.

»Danke, danke«, wiederholte Wallakah auf Englisch und lächelte, wobei er einige schiefe Zähne entblößte. Ich erwiderte sein Lächeln. Er hatte das in den letzten Tagen immer wieder getan. Ich war sicher, dass er sich nicht über mich lustig machte. Er war einfach gesellig, immer am Reden. Es war seine Art, selbst ein wenig Englisch zu lernen und den Kontakt zu mir zu suchen.

Während die anderen sich unterhielten und im Kreis ihren Tee tranken, breitete ich meine Decken auf dem schmutzigen Boden neben Hoffnungslos aus und machte mich bettfertig. Wallakahs

Freundlichkeit ging mir noch durch den Kopf. Mir kam der flüchtige Gedanke, dass ich ihm, wenn ich hier heil rauskommen sollte, meine langen Unterhosen geben könnte. Unter diesen rauen Bedingungen hier konnte er sie besser gebrauchen als ich.

Bald war der Tee ausgetrunken und unser Gastgeber und der Mudschahed, der zu Besuch bei ihm war, ließen uns allein. Die anderen knieten sich fürs *Namaz* hin. Mullah senior leitete Wallakah, Ahmed und Mullah junior im Gebet an.

Ich schloss mich nicht an. Stattdessen legte ich mich hin. Meine zwei Tücher dienten mir als neues Kopfkissen und die zweite Decke zog ich über meinen Körper. Ich wendete mich von Hoffnungslos und den Sturmgewehren in der Ecke ab. Mir stand der Sinn nicht danach, sie ständig vor Augen zu haben. Stattdessen wendete ich mich den anderen zu und rückte meine Kapuze zurecht, um möglichst wenig vom Staub der Decke einzuatmen. Zu mehr war ich vor Müdigkeit nicht mehr in der Lage. Weil Hoffnungslos schon schlief, hatte ich kein schlechtes Gewissen dabei.

Während die anderen beteten fragte ich mich, was Hoffnungslos wohl heute Abend beschäftigt hatte. Ich hatte die Unsicherheit auf seinem Gesicht gesehen. Dachte er über seinen Selbstmordauftrag nach? Ließ er das *Namaz* ausfallen, weil er müde war oder weil es ihm gleichgültig geworden war? Er und ich hatten etwas gemeinsam – unser beider Leben konnte schon bald zu Ende sein.

Als ich als Kind diese Dokumentation sah, war ich so beeindruckt von dem japanischen Arzt, der im ländlichen China den Menschen gedient und schließlich sein Leben für sie gelassen hatte. Dieses Lebensbild hatte mein Denken geprägt, war zum Teil meiner Philosophie geworden, ohne dass ich es bewusst wahrgenommen hätte. Es hatte eine Seite meiner Seele zum Klingen gebracht – bis in die dunklen Stunden als Geisel der Taliban: Wenn man wirklich an etwas glaubt, sollte man auch den Mut haben, entsprechend zu leben – oder wenn nötig, sogar dafür zu sterben.

Die Kraft zu dieser Behauptung ziehe ich aus meinem Glauben. Ich hatte versucht, mit meinem Leben anderen und Gott zu dienen. Auf dieser ersten langen Wanderung nach unserer Entführung hatte ich Frieden mit ihm geschlossen. Sollte er beschließen, dass meine Zeit auf dieser Erde vorüber war, könnte ich das annehmen. Es lag in seiner Hand.

Das heißt nicht, dass ich mein Leben aufgegeben hatte. Irgendwie, so dachte ich, müsste ich die Taliban überzeugen, dass ich ihr Freund war, dass ich ihnen nichts Schlechtes wollte, dass sie mich freilassen sollten. Ich war mit den meisten ihrer Ansichten und ihrem gewalttätigen Lebensstil nicht einverstanden, aber dennoch in der Lage, sie zu lieben und mit ihnen als Menschen umzugehen. Aber wie sollte ich ihnen das klarmachen?

Wie um alles in der Welt könnte ich sie davon überzeugen, mein Leben zu schonen?

Viele Fragen blieben offen, als ich einschlief. Doch ich vertraute auf Gott, egal was geschehen würde.

Ungefähr zur selben Zeit war Cilicia zu Hause in unserer Küche und servierte unseren Kindern eine zweite Portion Pfannkuchen. Asha, Jaron, Tobi und Eshaan in seinem Hochstuhl trugen alle ihre Schlafanzüge und waren um unseren langen, dunklen Ahorntisch versammelt. Tags zuvor hatten Asha und Jaron das laufende Schuljahr abgeschlossen. Heute begannen ihre Weihnachtsferien, aber ihre Gedanken waren anderswo.

»Mama, wie geht es Papa?«, fragte Jaron, während der Sirup von seinem Kinn tropfte.

»Wann kommt er nach Hause?«, wollte Tobi wissen.

Cilicia, die gerade einen Pfannkuchen auf Jarons Teller abladen wollte, hielt inne. Ihre Hand mit dem Pfannenheber zitterte. »Ich weiß es nicht«, sagte sie leise. »Die Regierung versucht, Papa zu helfen.«

»Was will die Regierung denn machen?« Asha sah ihre Mutter mit großen Augen an.

Cilicia drehte den Pfannenheber um. Der Pfannkuchen glitt herunter auf Jarons Teller. »Sie versuchen etwas«, sagte sie. »Aber wir kennen die Einzelheiten nicht. Wir müssen einfach beten, dass alles gut geht.«

Sie würde jetzt nicht weinen. Nein, jetzt nicht. Vor den Kindern musste sie stark sein.

Bitte, Gott, betete Cilicia leise, *bitte schenke, dass alles reibungslos abläuft.*

DIE RETTUNG

Sonntag, 9. Dezember, 0.20 Uhr

Irgendetwas hatte mich geweckt.

Im Raum war es stockdunkel. Dreißig Zentimeter neben mir auf dem Boden hörte ich Hoffnungslos leise schnarchen. Auch meine anderen Geiselnehmer atmeten gleichmäßig. Ansonsten war es totenstill. Es war wahrscheinlich noch mitten in der Nacht.

Mir lief die Nase. So kramte ich in meiner Hosentasche nach dem reichlich benutzten Taschentuch, das ich die letzten vier Tage mit mir herumgetragen hatte. In der afghanischen Kultur ist es unhöflich, sich zu schnäuzen. Es wird erwartet, dass man sich entschuldigt und sich für diesen Vorgang ein ungestörtes Plätzchen sucht. Manchmal hat man dazu natürlich nicht die Möglichkeit. Ich war mal mitten in einer Vorlesung über Hygiene, die ich im ländlichen Afghanistan hielt, als meine Nase zu laufen begann. Wenn so etwas vorkam, drehte ich mich um, sodass niemand es sehen konnte, wenn ich sie kurz abwischte.

Jetzt putzte ich mir leise die Nase mit meinem Taschentuch. Ich versuchte, mich dabei so wenig wie möglich zu bewegen, um niemanden aufzuwecken.

Das einzige Problem war, dass *ich* hellwach war. Für die nächsten fünf Minuten lauschte ich den friedlichen Geräuschen der ruhenden Taliban.

In Gedanken ging ich noch mal den verzweifelten Plan durch, den ich ausbrütete. Ich brauchte nur einen Weg zu finden, mich meinen Geiselnehmern verständlich zu machen, und sie davon zu überzeugen, mich gehen zu lassen; auf dem Weg nach Kabul würde ich in kleinen Dörfern Wasser und etwas zu essen besorgen, schließlich die Stadt erreichen, irgendwo Geld auftreiben und es dann meine Entführern zukommen lassen.

Zugegeben, es war kein besonders tragfähiger Plan. Doch es war alles, was ich hatte.

Meine Gedanken wurden von Hundegebell unterbrochen, gefolgt vom Blöken zweier Schafe. Offenbar war das Vieh unseres Gastgebers unruhig.

Ich hörte, wie sich jemand im Raum bewegte. Mullah senior sagte etwas und bekam Antwort von Wallakah. An ihren Stimmen konnte ich hören, dass sie sich in der Nähe des Eingangs befanden und wahrscheinlich gleich neben der Öffnung lagen. Ich war vom Eingang ungefähr drei Meter entfernt.

Die anderen schienen immer noch zu schlafen – Hoffnungslos rechts neben mir, Mullah junior zu meiner Linken und Ahmed zu meinen Füßen.

Mullah senior und Wallakah flüsterten weiter miteinander. Dann nahm ich wahr, wie Wallakah unter der Decke hindurchschlüpfte, die die Türöffnung verdeckte, und nach draußen trat. Geschah da etwas?

Ich lauschte angestrengt, hörte aber nichts. Wallakah kehrte kurz darauf zurück und sprach wieder leise mit Mullah senior. Ihre Stimmen waren ruhig. Wallakah war wahrscheinlich einfach gewissenhaft wie immer und schien nichts Ungewöhnliches gesehen oder gehört zu haben. Ich glaubte zu hören, wie er sich wieder schlafen legte.

Danach versuchte auch ich, wieder einzuschlafen. Ich fragte mich, was wohl die Tiere aufgeschreckt hatte. Wahrscheinlich ein anderes Tier. Oder vielleicht der Wind. Ich lauschte wieder in die Nacht – nichts.

Wahrscheinlich war ich wieder eingedöst, schlief nicht richtig, war aber auch nicht hellwach. Das Letzte, womit ich gerechnet hatte, war ein großer Knall.

Ein Schuss!

Der Knall war ohrenbetäubend.

Ich riss die Augen auf, mein Adrenalinspiegel schnellte plötzlich in die Höhe.

Hastige Bewegungen im Raum. Zuckende grüne Lichtblitze. Mehrere unbekannte Stimmen.

»Alle nehmen die Hände hoch!«

»Alle aufstehen, aufstehen!«

»Die Hände so, dass wir sie sehen können!«

Was passiert hier? Moment mal: Diese Leute sprechen Englisch. Diese Einheiten müssen meinetwegen hier sein!

Hoffnungslos von rechts und Mullah junior von links rollten sich beide zu mir und auf mich drauf, sodass sie meinen Körper bedeckten. Fast gleichzeitig kroch Wallakah herüber und setzte sich auf meine Füße. Nur mein Kopf lag frei.

Ich war erstaunt. Wallakah, die Waffe in der Hand, hätte mich einfach erschießen können, so wie der Kommandeur es am Freitagabend angeordnet hatte. Stattdessen beschützten diese Männer mich.

»Aufstehen! – Aufstehen, *sofort*!«

Die Stimmen um mich herum waren laut, angespannt und schneidend. Jeder im Raum schien zu schreien, Soldaten wie Taliban.

Ich wusste nicht, ob die Taliban den Befehl aufzustehen verstanden hatten, ob die Soldaten ihnen Zeichen gaben oder ob sie meine Entführer ergriffen und auf die Beine zwangen. Aber alle Taliban außer Hoffnungslos standen schnell auf, und Hoffnungslos rollte sich wieder von mir herunter. Ich vermute, dass Wallakah in diesem Moment seine Waffe niederlegte.

»Ist Dilip Joseph hier? Dilip Joseph?«

Ich musste schlucken, um einen Ton herauszubekommen. Von meinem Platz am Boden sagte ich: »Ja, ich bin genau hier.«

Sofort lag einer von den Soldaten auf mir und bedeckte mich mit seinem Körper. Gleichzeitig stellte sich ein anderer Soldat neben mein Bein und schrie Hoffnungslos an: »*Are you good or bad? Good or bad?* – Bist du gut oder schlecht? Gut oder schlecht?« Als Hoffnungslos nicht antwortete, brüllte der Soldat mir zu: »Ist noch jemand bei Ihnen? Was ist mit Ihren beiden Freunden?«

Ich konnte ihn zwischen all den anderen Stimmen kaum hören. »Sie wurden schon früher weggebracht«, sagte ich. »Ich hab keine Ahnung, wo sie sind.«

»Also seid ihr anderen gut oder schlecht? – *Good or bad?*«, schrie der Soldat.

Hoffnungslos entgegnete etwas. Ich wusste nicht, ob er die Worte des Soldaten verstanden hatte und versuchte, auf Englisch zu antworten, oder ob er irgendetwas anderes sagte, aber was herauskam war: *»Goo! Goo! Goo!«*

»Nein, er gehört zu den Schlechten«, sagte ich. »Er ist schlecht.«

Werden diese Männer ins Gefängnis kommen? Werden sie getötet? Ich hoffe, nicht.

»Sind Sie verletzt?«, fragte der Soldat, der auf mir lag. »Sind Sie gehfähig? Können Sie laufen?«

Ein seltsames, dumpfes Geräusch erfüllte den Raum. *Peng, peng, peng.*

O nein! Hatte Hoffnungslos nach seiner Waffe gegriffen? Meine Entführer werden gerade erschossen!

»Haben Sie genug zu essen bekommen?«, fragte der Mann über mir. »Sind Sie müde? Wurden Sie misshandelt?«

Peng. Peng.

Mann, überall um mich herum wird Leben ausgelöscht.

»Ihnen wird nichts geschehen«, sagte derselbe Soldat. »Wir werden Sie hier rausholen.«

Der Soldat stieg runter von mir und half mir auf die Beine. Er und ein anderer Soldat keilten mich zwischen ihren Schultern ein und beförderten mich Richtung Ausgang.

»Moment, Leute«, sagte ich. »Lasst mich kurz meine Schuhe finden.«

Sie hielten an, ich ging zurück.

Ich fühlte, mehr als ich sie wirklich sah, tote Körper auf dem Boden, als mein Blick auf eine Gestalt fiel, die noch atmete. Er kauerte dort wie ein Fötus, die Beine angezogen und die Arme eng darum geschlungen, das Kinn auf einem Knie.

Wallakah.

Wir waren nur einen Meter von ihm entfernt. Er sah unverletzt aus.

Unsere Blicke trafen sich.

Als Wallakah und die anderen uns abgefangen und entführt hatten, war ich sicher gewesen, ich würde gleich sterben. Ich hatte es nicht glauben können. Ich war schockiert und verzweifelt gewesen. Aber dennoch hatte ich tief in mir Hoffnung für meine Zukunft gehabt - wenn nicht in diesem Leben, dann im Leben danach.

Nun blickte ich auf den jungen Mann, der mein Entführer und gleichzeitig auf seltsame Art und Weise beinahe ein Freund geworden war. In seinen Augen erkannte ich viele Empfindungen wieder, die ich gehabt hatte. Schock. Verzweiflung. Fassungslosigkeit darüber, dass er gleich sterben könne.

Leider entdeckte ich keine Hoffnung.

Mich drängte es, zu Wallakah zu gehen, ihn zu umarmen. Doch ich wollte mich den Soldaten gegenüber nicht respektlos verhalten. Ich verdankte ihnen mein Leben. In diesem Moment würden sie das wahrscheinlich nicht verstehen.

Ich bedauere es seit diesem Augenblick, dass ich meinem Impuls nicht folgte.

Mir war, als ob ich stundenlang Blickkontakt mit Wallakah hielt. Dabei können es nur wenige Sekunden gewesen sein. Ich riss mich los und suchte den Boden nach meinen Schuhen ab. In der Dunkelheit und dem Schock über das, was geschehen war, hatte ich Mühe, sie zu finden. Schließlich schlüpfte ich hinein und wurde zum Ausgang gebracht. Die Decke hing nicht mehr dort.

Mehrere Soldaten befanden sich auf der Terrasse. Alle trugen Nachtsichtbrillen und waren bewaffnet. Die zwei Soldaten, die bei mir waren, führten mich an die Außenwand des Raumes. »Bleiben Sie hier stehen«, wies mich einer von ihnen in respektvollem Ton an. »Bewegen Sie sich nicht zu weit weg. Warten Sie hier.«

Das ist erstaunlich, dachte ich. *Wie haben diese Männer alles herausgefunden und mich aufgespürt?* Ich konnte es kaum glauben.

Ich hörte das Knistern eines Funkspruches und eine Stimme, die mitteilte, der Hubschrauber sei in zwölf Minuten da. Gleich darauf sagte ein Soldat: »Wir werden Sie wieder in den Raum lassen. Dort warten Sie noch kurz.«

Ich bekam es mit der Angst zu tun.

»Sie waren zu fünft und hatten vier Waffen«, sagte ich. »Haben Sie alle Waffen?«

»Ja«, antwortete der Soldat, »wir haben uns um alles gekümmert.«

Er ergriff meinen linken Arm und führte mich zurück in den Raum. »Wenn wir reingehen, schauen Sie sich nicht um.«

Das tat ich nicht. Nicht gleich. Der Soldat brachte mich in die Ecke gleich gegenüber dem Eingang. Da stand ich ungefähr fünf

Minuten mit dem Blick zur Wand. Ich dachte über das nach, was gerade geschehen war.

Ich war in Sicherheit. Ich war frei. Es fühlte sich unwirklich an.

Als der Soldat kam, um mich zurückzuholen, siegte die Neugier. Ich warf einen kurzen Blick in den Raum, während ich rauslief. Das Erste, was ich sah, war Mullah seniors Leiche auf dem Boden, und Blut, das aus seinem Körper in eine dunkle Lache auf dem Boden sickerte.

Das Zweite, was ich sah, war Wallakah. Er lag auf dem Boden, und auch neben ihm war eine Blutlache. Er war tot. Hatte er einen letzten verzweifelten Versuch gemacht, seine Waffe zu ergreifen? Hatte er versucht zu fliehen?

Das tat jetzt nichts mehr zur Sache. Sie waren alle tot.

Ich spürte eine überwältigende Trauer in mir. Diese Männer hatten das selbst zu verantworten. Sie hatten sich den Taliban angeschlossen und an einer Geiselnahme teilgenommen oder sie unterstützt. Wäre diese Rettungsaktion nicht gewesen, wäre ich wahrscheinlich derjenige gewesen, der in einer Blutlache auf dem Boden gelegen hätte.

Doch in den letzten vier Tagen hatte ich mit diesen Männern zusammengelebt. In einem der schwersten Momente meines Lebens hatten sie mir unerwartetes Mitgefühl erwiesen. Ich hatte eine Beziehung zu ihnen aufgebaut – besonders zu Wallakah.

Es war gar nicht so lange her, dass ich darüber nachgedacht hatte, mit diesen Leuten in Kontakt zu bleiben. Ich hatte gehofft, Einfluss auf sie nehmen zu können, ihnen einen anderen Lebensweg zu zeigen und klarzumachen, dass sie die Möglichkeit besaßen, einen anderen Weg einzuschlagen. Ob dieser Traum realistisch war oder nicht – nun war er vorbei.

Als man mich hinausführte, ging ein Soldat direkt vor mir und ein anderer hinter mir. Eine Gruppe kümmerte sich um einen ihrer Kameraden, der auf einer Bahre lag. Der verletzte Soldat hatte Bandagen um seinen Kopf gewickelt. Der Soldat hinter mir murmelte etwas vor sich hin.

»Was machst du?«, fragte der Soldat vor mir.

»Ich bete für Nic«, sagte der hinter mir. »Ich bete, dass er wieder auf die Beine kommt.«

Mir wurde klar, dass der Soldat auf der Bahre schwer verletzt worden war. Später sollte ich erfahren, dass er als *Chief Special Warfare Operator* eine hochrangige Führungskraft der *US Navy SEALs** war. Er hatte für seine großen Verdienste die begehrten Auszeichnungen *Bronze Star* und *Purple Heart* erhalten. In jener Nacht hatte er die gefährliche Aufgabe gehabt, als Erster unseren Raum zu betreten. Wallakah, der dort auf dem Boden gelegen hatte, kam nur dazu, seine Kalaschnikow zu erheben und einen einzigen Schuss abzufeuern.

Die Kugel hatte den SEAL in die Stirn getroffen.

Zum zweiten Mal in dieser kurzen Zeit wurde mir schrecklich schwer ums Herz. Dieser Mann hatte gerade meine Rettung angeführt. Vor mir sah ich nun den Preis für seinen Dienst. Er war ein Held, und nun kämpfte er um sein Leben. Das war kein Kinofilm. Das war echt.

Die zwei SEALs blieben an meiner Seite und schützten mich weiterhin mit ihren Körpern. Sie brachten mich neben das Haus und forderten mich auf, mein Gesicht zu bedecken. Mir war nicht klar, warum. Einige Minuten später ratterte ein Militärhubschrauber heran. Er landete auf dem Gelände vor uns, wobei sein Motor ein regelmäßiges pochendes Geräusch von sich gab und Geröll aufwirbelte. Es fühlte sich an, als würden Tausende kleine Rake-

---

* Angehöriger einer Spezialeinheit der Marine der USA *(US Navy)*. SEAL setzt sich aus den Wörtern *SEa, Air, Land* zusammen und steht für den Kampf zur See, in der Luft und an Land. [Anmerkung des Verlags]

ten auf meinen Körper niederprasseln. Jetzt verstand ich, warum ich mein Gesicht bedecken sollte.

Wir rannten zu der Maschine und die Rampe hinauf in den hinteren Teil des Hubschraubers. »Sie können hier sitzen«, schrie der SEAL bei dem Versuch, das Geräusch des Motors und der Rotorblätter zu übertönen, und zeigte auf eine Sitzbank an der Seite.

Kurz darauf tauchte eine weitere Gruppe SEALs auf. Sie brachten die Trage, auf der Nic lag. Die Männer luden ihn vorsichtig in den Hubschrauber. Sekunden später hatten wir abgehoben. Der Schauplatz des Todes verschwand schnell aus unserem Blickfeld.

In der Enge des Hubschraubers sah ich zu, wie Nics Kameraden Luft in seine Lungen pumpten und versuchten, ihn wiederzubeleben. Mir war klar, dass es schlecht um ihn stand. Ich hoffte und betete, dass er am Leben bliebe. Ich wollte mich bei ihm persönlich für das bedanken, was er getan hatte. Tagelang hatte ich an der Schwelle des Todes gelebt und ihn jetzt aus nächster Nähe gesehen. Ich wollte nicht noch mehr sehen.

Ich lehnte mich gegen die Wand des Hubschraubers und nahm einen langen, tiefen Atemzug. Es war kaum zu glauben, dass meine Tortur beendet war. Der Hubschrauber flog in die Nacht über Afghanistan und trug mich immer weiter weg von diesem Albtraum und zurück in die Welt, die ich kannte und liebte.

NEU GEBOREN

Sonntag, 9. Dezember, 1.30 Uhr
Militärstützpunkt in Afghanistan

Unser Hubschrauber landete auf einem Luftwaffenstützpunkt der USA und ich wurde herzlich in Empfang genommen. In Tarnuniform kamen uns zwei Soldaten entgegen: Nathan Hansen, Oberstleutnant der Army, und John Sprague, Feldwebel bei der Luftwaffe. Sie legten mir die Arme um und halfen mir die Rampe hinunter.

»Wie geht es Ihnen?«, fragte Leutnant Hansen. »Können Sie bis zu dem Wagen da drüben laufen?«

»Mir geht es gut, danke«, sagte ich. Als ich aus dem Hubschrauber stieg, eilte fast gleichzeitig eine Gruppe SEALs mit ihrem verwundeten Kameraden und der Trage vorbei. »Können Sie mich bitte über den Mann, der verwundet wurde, auf dem Laufenden halten?«, fragte ich und sah ihnen nach. Ich machte mir ernsthafte Sorgen wegen seines Zustands.

»Das werden wir ganz sicher tun«, sagte Leutnant Hansen. Wir stiegen in ein Militärfahrzeug und rauschten davon.

»Dr. Joseph, Sie sollen wissen, wie das jetzt weitergeht«, sagte der Leutnant, während ein anderer Soldat den Wagen fuhr. »Ihr Wiedereingliederungsprozess wird vier oder fünf Monate benötigen. Einige Wochen werden Sie bei uns verbringen, danach zwei oder drei Wochen in neutraler Umgebung. Dann werden Sie zwei oder drei Monate in den USA weiter psychologisch beraten und betreut werden.«

Das klang mir zu aufwendig. Ich wollte einfach nur nach Hause. Natürlich stand ich noch unter Schock und war wahrscheinlich nicht in der besten Verfassung, um selbst zu entscheiden, was gerade gut für mich war. »Leutnant, ich weiß, dass Sie nur mein Bestes wollen. Aber bei all dem, was ich in den letzten Tagen durchgemacht habe, möchte ich einfach nur zurück zu meiner Familie.«

Leutnant Hansen sah mich einen Moment lang prüfend an. »Lassen Sie uns die ersten zwei oder drei Tage wie geplant verfahren und dann die Lage neu abschätzen.«

»Einverstanden, das klingt gut.«

Ich wurde zu dem Krankenhaus auf dem Stützpunkt gebracht, wo mich ein Arzt untersuchte. Abgesehen von einer wunden Stelle in meiner Seite, wo der Schlächter mich mit seinem Gewehr geschlagen hatte, war ich wohlauf, und ich bekam ein gutes Gesundheitszeugnis ausgestellt.

Beim Verlassen des Krankenhauses sah ich mich kurz selbst in einem Spiegel. Zumindest glaubte ich, dass ich es war. Dieses schmutzstarrende, unrasierte Gesicht, das mir der Spiegel zeigte, sah mehr nach einem Yeti als nach einer mir bekannten Person aus.

Der Leutnant und der Feldwebel führten mich über den Stützpunkt. »Hat jemand meine Familie benachrichtigt?«, fragte ich.

»Sie wurden über Ihre sichere Rückkehr informiert«, sagte der Leutnant. »Sie werden mit Ihnen telefonieren können, nachdem Sie Ihr Zimmer bezogen und sich dort ein bisschen ausgeruht haben.«

Ich widersprach nicht, weil ich spürte, dass ich etwas durcheinander war. Es war kaum zu glauben, dass alles vorbei war.

Die zwei Beamten brachten mich in eine Hütte, vor der zwei Feldwebel Wache standen, die mich ich in einen von drei kleinen Räumen führten. Es war eine normale Soldatenunterkunft mit Stockbett, Schreibtisch und einer Toilette. Auf mich wirkte sie luxuriös. »Das ist für Sie. Sie können sich einfach ausruhen«, teilte mir der Leutnant mit. »Falls Sie irgendetwas benötigen - etwas zu essen oder trinken, einen Fernseher -, fragen Sie den Feldwebel.«

Doch ich war noch nicht bereit, mich auszuruhen. Nach fünf Tagen in denselben Klamotten und dreckigen Nachtlagern sehnte ich mich nach einer langen, heißen Dusche und frischer Kleidung. Einer der Feldwebel zeigte mir einen großen Waschraum, der verschlossen gewesen war und extra für mich bereitgehalten wurde.

Zum ersten Mal, seit meiner Entführung war ich wirklich allein. Es war ein seltsames Gefühl. Ich näherte mich dem Spiegel über dem Waschbecken und betrachtete mich. *Ach du meine Güte, ich sehe furchtbar aus.*

Mein Gesicht war von einer Staubschicht überzogen. Meine Haare standen in alle Richtungen. Barthaare sprossen wild um meinen Mund und dunkle Ringe umrahmten meine Augen. Es war kaum zu glauben, dass ich nur vier Tage in Gefangenschaft verbracht hatte. Meinem Erscheinungsbild nach zu urteilen hätten es auch vier Monate sein können.

Besonders unerfreulich war der Anblick von meinem *Salwar Kamiz*. Ich konnte immer noch ein paar Granatapfelspritzer ausmachen, die vom Essen im Haus des Polizeichefs in Pul-i-assim am Mittwoch stammten, vor einer gefühlten Ewigkeit. Doch die meisten waren von dunkleren roten Flecken überdeckt - von Blutspritzern.

Es war eine Erleichterung, diese Sachen ausziehen zu können und in die Dusche zu steigen. Das Wasser wirkte reinigend - in vielfacher Weise. Ich fühlte mich, als würde ich eine furchtbare Last abschrubben. All die Sorgen, Anspannung und Angst, die in den letzten Tagen an mir gehaftet hatten, fielen von mir ab und wurden mit Wasser und Seife den Abfluss hinuntergespült.

Ein richtig gutes Gefühl.

Als ich ein frisches T-Shirt, eine Jogginghose und eine Militärjacke anzog, die meine Gastgeber bereitgelegt hatten, fühlte ich mich schon wieder etwas wohler in meiner Haut. Zurück in meinem Zimmer legte ich mich aufs Bett, um mich auszuruhen. Aber meine Gedanken kamen nicht zur Ruhe.

Was mache ich jetzt? Werden sie mich Cilicia und die Kinder anrufen lassen? Und meine Schwester, meinen Onkel, meinen Vater? Sind Rafiq und Farzad in Sicherheit? Wie geht es weiter?

Um etwa vier Uhr dreißig kamen Leutnant Hansen und Feldwebel Sprague zurück in mein Zimmer und teilten mir mit, ich könne jetzt gerne meine Familie anrufen, wenn ich dazu bereit sei. Natürlich war ich bereit! Sie rieten mir dazu, diesen ersten Anruf kurz zu halten.

Ich sollte bald verstehen, warum. Allein in meinem Zimmer, den Hörer in der Hand, wartete ich eine gefühlte Ewigkeit, bis die Verbindung nach Colorado Springs hergestellt war. Dort war es jetzt fünf Uhr, ein Sonntagnachmittag.

»Hallo?« Es war Cilicias Stimme.

»Hallo, Schatz. Ich bin's. Ich wollte nur, dass du weißt ... dass es mir gut geht.« Das war alles, was ich zustande brachte. Uns beiden kamen die Tränen. Doch das war in Ordnung. Worte waren in diesem Moment nicht wichtig. Einfach nur die Stimme des anderen zu hören und wieder vereint zu sein – zu wissen, dass wir einander wiedersehen würden –, mehr brauchten wir nicht.

Dann rief ich meine Schwester an, wobei ich das Telefonat ebenfalls kurz hielt, um ihr die Möglichkeit zu geben, sich von der emotionalen Achterbahnfahrt zu erholen, die sie hinter sich hatte. Sie sagte, sie informiere meinen Vater, der verreist gewesen war und erst tags zuvor von meiner Entführung erfahren hatte. Dann meldete ich mich wieder bei Roy, der mir die wunderbare Nachricht überbrachte, dass Rafiq und Farzad wohlauf waren und sich in Sicherheit befanden.

Erst später erfuhr ich die Einzelheiten der erstaunlichen Geschichte, wie Rafiq und Farzad in Sicherheit gekommen waren. Stammesverbindungen und die Bemühungen der Familie hatten bei ihrem Überleben eine große Rolle gespielt.

Rafiq gehörte dem Stamm der Khugiani an und war in einer Gegend geboren und aufgewachsen, die »Weiße Berge« genannt wurde und gar nicht weit von unserer Marschstrecke entfernt war. Es dauerte nicht lange, bis seine Großfamilie von seiner Entführung Wind bekam – darunter sechs Onkel, Neffen und andere enge Verwandte sowie die Bewohner der Dörfer, in denen Rafiq arbeitete. Sie waren schockiert. Nachdem sie herausgefunden hatten, wer zu den Entführern gehörte, suchten sie deren Familien auf und verlangten unsere Freilassung. Einige machten den Anführer aus und riefen den Kommandeur direkt an, um sich für uns einzusetzen. Obwohl es mir damals nicht bewusst gewesen war, hatte ich einige dieser Anrufe miterlebt.

Es stellte sich heraus, dass die Taliban gelogen hatten, als sie über den Hilux voll bewaffneter Männer sprachen. An diesem Tag waren keine Taliban aus Pakistan gekommen, um uns mitzunehmen, sondern Mitglieder von Rafiqs Familie, um uns zu befreien. Als ich das hörte, wurde mir endlich klar, warum unsere Geiselnehmer es so eilig gehabt hatten zu verschwinden.

Das letzte Mal, als ich meine beiden Freunde gesehen hatte, waren sie mit dem Kommandeur, seinem Assistenten und dem schwarz gekleideten Urdu-Sprechenden den Berg hinabgestiegen. Rafiqs Bein hatte sich versteift, und er hatte Mühe, mit den anderen Schritt zu halten. Er fiel zurück, blieb aber in Sichtweite eines der Taliban.

Als sie unten angekommen waren, erschien plötzlich ein Mann und rannte auf Rafiq zu. Er kannte Rafiq durch seine Arbeit in den Dörfern. »Mit wem bist du hier unterwegs?«, fragte der Mann. »Was geht hier vor?«

Rafiq war von den Taliban angewiesen worden, nichts zu sagen. Aus Furcht um sein Leben antwortete er nur: »Ich kann nichts sagen.« Der Mann suchte schleunigst das Weite.

Rafiq holte die Taliban schließlich wieder ein. Inzwischen waren mindestens zwei weitere Taliban aus Pakistan zu ihnen gestoßen. Als der Weg sie um eine Kurve führte, standen sie plötzlich einer Gruppe von zehn wütenden Dorfbewohnern gegenüber. Sie waren von dem Mann auf dem Weg informiert worden.

»Wir haben in den Nachrichten gehört, dass drei Ärzte entführt wurden«, sagte einer. »Wo sind die anderen? Wollt ihr sie töten oder verkaufen? Was habt ihr vor?«

»Nein, das stimmt nicht«, sagte der Kommandeur. Er erfand eine Geschichte über zwei Hirten, denen sie angeblich helfen würden, ihre verlorenen Tiere wiederzufinden.

Ein Streit kam auf. Es versammelten sich immer mehr Dorfbewohner. Einige hatten Steine in den Händen. Bald war die Menge auf siebzig Personen angewachsen. Der Kommandeur versuchte, Rafiq, Farzad und den Rest der Gruppe an den Dörflern vorbeizuführen. Sie kamen rund hundert Meter weit, bevor sie wieder angehalten wurden. Diesmal kam es nach einigem Gerangel zum Kampf zwischen den Dorfbewohnern und den Taliban. Die Taliban griffen nicht zu den Waffen, vielleicht, weil die Dörfler so stark in der Überzahl waren. Der Kampf endete nach ein paar Minuten. Niemand war ernsthaft verletzt worden, nur die Brille eines älteren Talib aus Pakistan hatte dran glauben müssen.

Die Taliban konnten Rafiq und Farzad zu einem Haus bringen, standen aber immer noch unter der strengen Beobachtung einiger Dorfbewohner. Nach einer Tasse Tee wurden Rafiq und Farzad von sechs bewaffneten Taliban, darunter dem Kommandeur und seinem Assistenten, zu einem abgelegenen Ort gebracht. Dort trafen sie sich mit Farzads Bruder und Cousin, die mit dem Auto angereist waren. Ihre Ankunft gehörte vermutlich zu Rafiqs Plan, den Taliban das Lösegeld für die Freilassung zu beschaffen.

Was die Taliban nicht wussten, war, dass Rafiqs Familie auch das afghanische Militär und den Geheimdienst alarmiert hatte. Die Taliban schubsten Rafiq und Farzad auf die Rückbank des Wagens; dann stiegen der Kommandeur und sein Assistent ein, einer rechts und einer links von Rafiq und Farzad. Beide trugen ihre AK-47 bei sich.

Mit Farzads Bruder am Steuer und seinem Cousin auf dem Beifahrersitz fuhren die sechs los. Die beiden Taliban erwarteten, nun ihr Geld zu bekommen.

Stattdessen gelangten sie nach ein paar Minuten auf eine befestigte Straße. Kurz darauf erreichten sie einen Kontrollposten der afghanischen Sicherheitskräfte. Sofort war das Auto von uniformierten Männern umringt, die Waffen erhoben. Die zwei Taliban konnten nichts mehr tun.

Einer der Sicherheitsbeamten sah Rafiq und lächelte: »Rafiq, wir haben dich gefunden«, sagte er. »Du kannst dich freuen.« Für Rafiq und Farzad war das ein Moment ungeheurer Erleichterung.

Neu geboren, sagte Rafiq zu sich selbst. *Ich wurde neu geboren.*

Auf dem Stützpunkt verbrachte ich meinen ersten Morgen als freier Mann in einer Nachbesprechung. Ich berichtete dem Leutnant und dem Feldwebel, Angehörigen der US-Botschaft und dem FBI von meinen Erfahrungen, erst in gesonderten Sitzungen, später vor gemischten Gruppen aus verschiedenen Einrichtungen. Die Wiederholung war wohltuend – es war heilsam für mich, die Geschichte loszuwerden. Ich traf mich auch mit dem Seelsorger und seinem Assistenten.

Ich erfuhr, dass ein Mitarbeiter der Botschaft, Rahim, meine Befreiung koordiniert hatte. Er leitete den Krisenstab des Auswärtigen Amtes. Das führte mir mit Erstaunen vor Augen, wie unsere Welt immer multikultureller wurde. Ein südasiatisch-amerikanischer Muslim half bei der Rettung eines indisch-amerikanischen Christen, der von muslimischen Extremisten in Afghanistan festgehalten wurde. Ich hatte Amerika immer als einen Ort geschätzt, an dem Menschen aus unterschiedlichen Kulturen und Religionen Seite an Seite leben und sich entfalten konnten. Obwohl ich schon in vielen Ländern gelebt hatte, war mir das nirgendwo in dieser Weise begegnet.

»Dr. Joseph«, sagte Rahim, »Sie sollten wissen, dass Sie in den letzten achtundvierzig Stunden ganz oben auf der Prioritätenliste der US-Regierung standen. Das schließt auch Präsident Obama ein und dann die ganze Befehlskette durch.« Ich war peinlich berührt, das zu hören.

Als ich nach dieser Nachbesprechung in mein Zimmer zurückging, traf ich einen weiteren Beamten, der bei meiner Befreiung eine Schlüsselrolle gespielt hatte. Neben meiner Tür stand ein Captain der Luftwaffe.

Ich trat näher und las auf dem Namensschild des Hauptmannes: David Norse.

»Norse«, sagte ich, »ich kenne diesen Namen.« Ich erinnerte mich an einen Captain, der bei einem Führungskräfteseminar eine externe Videopräsentation gehalten hatte. Schließlich erfuhr ich, dass Captain Norse an der Planung und Koordinierung meiner Rettung teilgenommen hatte. Das schloss die Gruppe der Navy SEALs mit ein sowie Mitglieder aus Spezialeinheiten der

Luftwaffe, der sogenannten *Air Force Pararescue** und des *Combat Control Teams***. Er war auch für meine Wiedereingliederung und meine Treffen mit den verschiedenen Dienststellen auf dem Stützpunkt zuständig.

Ich war erstaunt. Die Heerschar von Personen, die an meiner Befreiung beteiligt waren, wuchs. Während der Treffen belastete mich die Frage nach dem Zustand des verwundeten SEALs immer mehr. Ich erkundigte mich wiederholt bei Leutnant Hansen: »Wie geht es dem Mann, der angeschossen wurde?«

Er sagte nichts, was kein gutes Zeichen war. Am frühen Nachmittag erhielt er schließlich die Freigabe, mich aufzuklären. »Dilip, es tut mir sehr leid, Ihnen mitteilen zu müssen, dass derjenige, der bei der Rettung als Erster eintrat, letzten Endes sein Leben für Sie gegeben hat. Er ist gestorben.«

Es überraschte mich nicht, das zu hören, aber es traf mich dennoch hart. Dieser Mann, jemand, dem ich niemals im Leben begegnet war, hatte für mich das höchste Opfer gebracht. Wie sollte ich das verarbeiten? Womit hatte ich einen derartigen Akt der Selbstlosigkeit verdient? Was würde sein Tod für seine Familie, seine Freunde bedeuten? Ich war tief bewegt. Das hatte ich niemals verdient.

Die SEAL-Einheiten der US-Navy – SEAL steht für *SEa, Air* und *Land* (Meer, Luft und Land) – sind die geheimnisumwobenen Männer, die die gefährlichsten Militäraktionen ausführen. Ihre Ausbildung ist so hart, dass die Durchfallquote manchmal neunzig Prozent übersteigt. Sie waren schon kurz nach dem 11. September 2001 in Afghanistan aktiv und haben eine Menge

---

* Die *Pararescuemen* sind Fallschirmspringer, die sich auf Rettungsaktionen spezialisiert haben. [Anmerkung des Verlags]

** Die Fallschirmspringer des *Combat Control Teams* werden unter anderem zur Terrorismusbekämpfung eingesetzt. [Anmerkung des Verlags]

Amerikaner gerettet, die irgendwo auf dem Globus in Gefahr geraten waren - darunter Captain Richard Phillips, der 2009 aus der Hand somalischer Piraten befreit wurde; die Entwicklungshelferin Jessica Buchanan, die 2012 vor somalischen Terroristen gerettet wurde; sowie unzählige Einsätze, die nie an die Öffentlichkeit gelangten.

Ich erfuhr im weiteren Verlauf, dass die Männer, die mich befreit hatten, zu derselben Einheit gehörten, die am wohl berühmtesten SEAL-Einsatz überhaupt beteiligt gewesen war - dem Einfall in ein Grundstück in Abbottabad, Pakistan, im Mai 2011, der mit dem Tod Osama bin Ladens endete. Sie gehörten der *U. S. Naval Special Warfare Development Group* an, besser bekannt als *SEAL Team Six*.

Leutnant Hansen teilte mir mit, dass die SEALs an diesem Abend Nic mit einer besonderen Gedächtnisfeier, die traditionellerweise auf dem Flughafengelände abgehalten wird, die letzte Ehre erweisen würden.

»Leutnant, könnte ich vielleicht an der Zeremonie teilnehmen?«, fragte ich. »Wenn das ganze Rettungsteam da sein wird - könnte ich ihnen vielleicht meinen Dank aussprechen?«

Der Leutnant versprach, sein Möglichstes zu versuchen, doch er machte deutlich, dass es schwierig werden könnte. Später kam er dann mit guten Neuigkeiten: »Dilip, so wie ich Sie in den letzten Stunden kennengerlernt habe, hatte ich den Eindruck, mich für Sie einsetzen zu können. Wir haben sichergestellt, dass Sie die Gelegenheit bekommen, heute Abend an der Zeremonie teilzunehmen und zu den SEALs zu sprechen. Es wird dem Team guttun, und Ihnen ebenso. Ich denke, das wird Ihren Heilungsprozess in Gang setzen.«

Über diese Nachricht freute ich mich sehr. Doch als der Abend näher rückte, wurde ich immer nervöser. Was würde ich diesen Männern sagen? Was dachten sie über mich? Waren sie froh darüber, dass sie an meiner Rettung beteiligt gewesen waren, oder sahen sie mich als denjenigen, der für den Tod ihres Freundes verantwortlich war?

Der Leutnant hatte mich an diesem Tag mehr als einmal ermutigt: »Sie sind gerettet worden und ehrenvoll zurückgekehrt.« Ich dachte, dass er mir auf diese Art vermitteln wollte, dass ich keine Scham empfinden und kein Überlebendensyndrom entwickeln sollte. Ich war mir nicht sicher, ob ich diese Ansichten teilen sollte oder nicht, aber seine Worte bedeuteten mir viel.

Schließlich begleitete ich kurz nach Mitternacht, also am frühen Montag, die SEALs und andere Beamte auf die Rollbahn des Flugplatzes. Ich fühlte mich fehl am Platz, wie ein Delfin mitten in der Wüste.

Während alle noch herumliefen und auf den Beginn der Zeremonie warteten, kam der Befehlshaber der SEALs vorbei und grüßte mich. »Ich habe gehört, Sie wollen zu meinen Jungs sprechen«, sagte er. »Sie kommen selten in den Genuss, von irgendjemandem ein Wort des Dankes zu hören. Also, was immer Sie sagen wollen, machen Sie was draus.«

Vorher war ich aufgeregt gewesen. Jetzt fühlte ich mich wirklich unter Druck.

Auch der leitende Kommandeur begrüßte mich und sagte, es sei ihm eine Ehre, an meiner Rettung beteiligt gewesen zu sein. Dann ging er hinüber zu einem anderen Offizier und tippte ihm auf die Schulter. Dieser Mann in Tarnuniform und Hut unterbrach seine Unterhaltung und kam herüber, um mir die Hand zu schütteln. »Dr. Joseph, ich bin General Allen. Ich möchte Ihnen sagen, dass wir so froh sind, dass Sie wieder sicher zurückgekehrt sind.«

Ich hatte schon gehört, dass die Rettungsaktion bis in die höchsten Ebenen der US-Regierung bekannt geworden war. Jetzt erhielt ich eine weitere Bestätigung dafür. General John Allen war der Befehlshaber über alle ISAF-Truppen und zugehörige US-Streitkräfte in Afghanistan.

Kurz bevor die Zeremonie begann, kam Leutnant Hansen wieder zu mir. Ich denke, er spürte meine Aufregung. »Machen Sie sich nicht so viele Gedanken darüber, was Sie sagen werden. Sprechen Sie einfach, wie es Ihnen ums Herz ist. Danken Sie ihnen einfach. Das ist alles, was Sie tun müssen.«

Einmal mehr war ich dankbar für die Ermutigung und Einsicht des Leutnants, die ich gut gebrauchen konnte.

Die Gedenkstunde begann mit der Ankunft von Nics Sarg, der von einer amerikanischen Flagge bedeckt war. Mehr als hundert Militärs standen Spalier und salutierten, als acht Sargträger langsam und bedächtig den Sarg die Rampe hinauf und in den Laderaum eines riesigen Frachtflugzeuges, einer Boeing C-17, trugen.

Nics Teamkameraden begleiteten ihn in das Innere der C-17, um ihm die letzte Ehre zu erweisen, während wir anderen unten warteten.

Nach der Zeremonie bat mich Leutnant Hansen hoch auf die Rampe, um zu sprechen. Als ich in der riesigen Metallröhre stand, sah ich, dass sie den Sarg im Flugzeug ganz nach hinten geschoben hatten. Ich stand mit dem Rücken zur Öffnung des Hecks, und etwa dreißig SEALs versammelten sich vor mir in einem Halbkreis.

»Als Arzt«, begann ich, »weiß ich zu schätzen, was es bedeutet, Leben zu retten. Aber was ihr letzte Nacht für mich getan habt ...« Meine Augen füllten sich mit Tränen. Meine Stimme versagte, sodass ich die Worte kaum herausbrachte. Ich hoffte, dass sie mich verstehen konnten. »Was ihr für mich getan habt«, fuhr ich fort, »sprengt alle meine Vorstellungen. Der Mut, die Hingabe und die Kraft, die ihr an den Tag gelegt habt, um mich zu retten, sprechen Bände. Dass ihr das getan habt und dafür einen von euch geopfert habt, bedeutet sehr viel für mich.«

Die SEALs der US Navy stehen in dem Ruf, die härtesten Männer des Planeten zu sein. Diesen Ruf haben sie sich durch ihre Ausbildung verdient und von Einsatz zu Einsatz unter Beweis gestellt. Aber als ich in die Gesichter der Männer um mich herum blickte, sah ich nicht wenige Augen, die sich, so wie die meinen, mit Tränen füllten. Manchen der SEALs rannen die Tränen die Wangen herunter.

Am Ende war meine Stimme kaum noch hörbar. »Euer Dienst und euer Opfer werden nicht vergessen«, sagte ich. »Die Erinnerung an das, was ihr für mich getan habt, wird in unserer Familie in den kommenden Generationen weiterleben.«

Als ich schloss, stellten sich die SEALs in einer Reihe auf. Nicht einer verließ den Platz, ohne mir die Hand geschüttelt zu haben. Ich konnte jedem Mann in die Augen schauen und ihm dafür danken, was er getan hatte. Ihre Antworten waren unterschiedlich. Manche sagten: »Das haben wir gern getan«, oder: »Es war uns eine Ehre«. Andere sagten einfach: »Bitte sehr«, oder schwiegen. Es war gar nicht wichtig. Ich wollte gar keine Antwort bekommen. Diesen amerikanischen Helden, Männern, die die größten Herausforderungen anpackten, die immer in Gefahr und nie im Rampenlicht standen, wollte ich einfach persönlich meine Dankbarkeit ausdrücken.

Sie hatten mir mein Leben zurückgegeben und mir erlaubt, an einer internen Gedenkfeier für einen ihrer besten Leute teilzunehmen. Die Gelegenheit, mit jedem von ihnen einen Augenblick zu verbringen, bedeutete mir sehr viel. Sie ist tief in meine Lebensgeschichte eingemeißelt, Teil einer Nacht, die ich niemals vergessen werde.

Nachdem die SEALs alle wieder die Rampe hinuntergestiegen waren, klopfte Leutnant Hansen mir auf den Rücken. »Was Sie da gesagt haben, hat diese Männer wirklich ermutigt«, sagte er. »Sie haben das gut gemacht.«

Ich blieb noch kurz, wo ich war, bis ich meine Fassung wiedererlangt hatte.

Als ich hinunter auf das Rollfeld trat, war ich erstaunt darüber, dass all die SEALs noch da waren und auf mich warteten. Sie wollten ein Gruppenfoto.

Als das erledigt war, schüttelte der Einsatzleiter mir noch einmal die Hand. »Wir finden die Arbeit, die Sie tun, sehr lobenswert und sehen, dass sie Ihnen sehr wichtig ist«, sagte er. »Sie verändern das Leben derjenigen, denen Sie dienen. Es ist offensichtlich, dass Sie ihre Arbeit lieben. Es war eine Ehre, Ihnen zu dienen.« Dann fügte er hinzu: »Aber sollten Sie je nach Afghanistan zurückkommen, bringen wir Sie um.« Ein leichtes Lächeln umspielte seinen Mund, als er das sagte. Ich wusste natürlich, dass es einerseits scherzhaft gemeint war. Und doch wieder auch nicht. Der Einsatzleiter erinnerte mich daran, was alles nötig gewesen war, um mich hierher zu bringen.

Dann reichte er mir etwas, das ich zuerst für eine große goldene Münze hielt. »Wir möchten, dass Sie das behalten – als ein Andenken an unseren Dienst an Ihnen.«

Als er gegangen war, sah ich genauer hin. Die Münze war eher geformt wie ein Schild. Darauf war das Symbol der SEALs abgebildet: ein Dreizack, eine Pistole und ein Adler, die für die Fähigkeiten der SEALs zu See, an Land und in der Luft standen. Darüber lag eine große, römische VI.

Der Leutnant erklärte, dass es sich um ein seltenes *SEAL Team Six*-Medaillon handelte. »Sie sollten wissen, dass auf der ganzen Welt nur eine Handvoll Leute ein solches besitzen. Verkaufen Sie es nicht auf E-Bay.«

Ich lachte. »Das würde ich nie tun. Glauben Sie mir: Ich werde es immer in Ehren halten.«

Zurück in meinem Zimmer dachte ich über die unglaublichen Ereignisse der letzten Stunden nach. Ich war so müde, körperlich und emotional erschöpft. Und doch fühlte ich mich auf seltsame Art und Weise auferbaut. Neben der Angst und Verzweiflung hatte ich während meiner Tage mit den Taliban-Entführern auch Momente unerwarteter Menschlichkeit erlebt. Trotz der schrecklichen Umstände hatte ich neue Hoffnung geschöpft. Jetzt war ich hier, unter den besten und mutigsten amerikanischen Militärs, der gleichen Menschlichkeit und Hoffnung begegnet. Ich empfand es als ein Vorrecht, am Leben zu sein und in Gesellschaft dieser hingegebenen Männer. Alles, was ich im Leben von nun an erreichen würde, war nur ihretwegen möglich.

Wie Rafiq und Farzad war auch ich neu geboren worden.

Ich kroch ins Bett - ein richtiges Bett mit Laken und Decken, bereitgestellt vom amerikanischen Militär, sogar hier in diesem entlegenen Winkel der Welt - und legte meinen Kopf auf das Kissen. Kurz darauf fiel ich in einen tiefen, erholsamen Schlaf.

ZU HAUSE

Montag, 10. Dezember, 17.30 Uhr

Mein Montag war mit weiteren Treffen angefüllt. Vertreter des FBI und der US-Botschaft rollten meine Geschichte noch einmal auf, um sicherzustellen, dass sie alle Fakten korrekt wiedergaben. Ich führte auch ein einstündiges Telefonat mit einem Beamten der Öffentlichkeitsarbeit in Washington, D. C., der mir Ratschläge dazu gab, wie ich meine Presseerklärung am besten formulierte und mit den Medien umginge. Er sagte mir, ich würde mich selbst fertigmachen, wenn ich versuchte, mit jedem zu sprechen. Dieser Hinweis erwies sich als hilfreich, als eine Flut von Medienanfragen auf mich einstürmte, nachdem ich in die Staaten zurückgekehrt war.

Ich traf mich auch wieder mit dem Seelsorger des Stützpunkts und seinem Assistenten. Sie waren besonders interessiert zu hören, was sich im Land außerhalb Kabuls und des Stützpunktes ereignete. Ich erklärte ihnen, viele Menschen in den dörflichen Gegenden hegten - anders als viele glaubten - große Träume für ihre Zukunft. Sie wünschten sich, ihre Bildung zu verbessern, um bessere Jobchancen zu erhalten und ihren Kindern größere Freiheiten und Möglichkeiten zu bieten.

Am frühen Nachmittag nahm mich ein Beamter der Botschaft zur Seite. »Dr. Joseph, wir haben Hinweise erhalten, dass Ihr Leben womöglich noch in Gefahr ist. Daher bringen wir Sie heute Nacht in die US-Botschaft nach Kabul.«

Der Beamte erklärte weiter nichts, aber ich machte mir keine allzu großen Sorgen. Nach allem, was ich durchgemacht hatte, schien mir das eher eine kleine Unannehmlichkeit darzustellen. Ich vertraute darauf, dass ich in guten Händen war.

Nun saß ich in einem Militärhubschrauber, der sich zum zweiten Hubschrauberflug meines Lebens in die Dämmerung erhob. Leutnant Hansen und vier weitere Beamte begleiteten mich.

Bald darauf landeten wir auf dem Internationalen Flughafen Kabul, wo mich eine Kolonne von Geländelimousinen zur Botschaft eskortierte. Zwei Männer saßen mit uns im Wagen. Sie trugen Anzüge und hatten Automatikwaffen bei sich. Einer von ihnen reichte dem Leutnant ebenfalls eine Waffe und gab ihm Sicherheitsanweisungen.

Ich war vielleicht nicht besorgt, aber diese Leute nahmen ihre Aufgabe jedenfalls sehr ernst.

Die Nacht verbrachte ich in der Botschaft. Das ursprüngliche US-Department für Auswärtige Angelegenheiten war, wie ich erfuhr, 1789 von Präsident George Washington errichtet und in Betrieb genommen worden. Zu den ursprünglichen Zielen gehörte der Schutz von US-Bürgern vor Piratenangriffen.

Kurz nachdem wir angekommen waren, bat Rahim mich um Entschuldigung. Ich hatte um ein Treffen mit Rafiq, Farzad und anderen Mitgliedern unserer NGO-Belegschaft in Kabul gebeten, weil ich die Freunde wiedersehen wollte, mit denen ich mein Leid geteilt hatte, und auch den Freunden und Kollegen danken wollte, die sich so sehr um meine Freilassung bemüht hatten. Doch Rahim teilte mir mit, dass unser Treffen aus Sicherheitsgründen abgesagt werden musste. Wegen des Sicherheitsrisikos und weil ich mich schnell zu erholen schien, hatten sie beschlossen, mich schon am Morgen auszufliegen.

Ich war tief enttäuscht, dass es nicht zu dem gewiss überwältigend herzlichen Wiedersehen kam. Diese Menschen hatten mir, ob über Telefon oder persönlich, in den entsetzlichsten Tagen meines Lebens beigestanden und mir Mut gemacht. Ich fühlte mich ihnen mehr als je zuvor verbunden und hatte gehofft, ein Treffen würde mir helfen, dieses Kapitel meines Lebens zu einem guten Abschluss zu bringen.

Abgesehen von dieser Enttäuschung begrüßte ich die anderen Beschlüsse der Botschaft ungemein. Es ging nach Hause.

Um halb sechs am nächsten Morgen klopfte es an meiner Tür. Als ich öffnete, blickte ich in ein mir vertrautes, lachendes Gesicht - Jerry, ein Arzt aus Chicago, der am *CURE International Hospital* in Kabul arbeitete. *Morning Star* und die Botschaft hatten veranlasst, dass er mit mir zurück nach Hause fliegen würde.

»Hi Dilip, wie geht es dir?«, begrüßte mich Jerry und umarmte mich.

Ich lachte: »Mir geht's gut, Jerry. Ich bin froh, dass du kommen konntest.« Mir ging es schon besser. Nach dieser intensiven Zeit war Jerrys freundliches und beschwingtes Gemüt genau das, was ich brauchte.

Später am Morgen begab ich mich mit Jerry, Leutnant Hansen, Rahim und Jay, einem weiteren Botschaftsmitarbeiter, zum Flughafen in Kabul.

Die Erinnerungsstücke an meine Gefangenschaft trug ich bei mir - das Stückchen *Nan*, das Bonbonpapier, den einen der beiden Stofffetzen - sowie wichtige Andenken an meine Zeit auf dem Stützpunkt und in der Botschaft. Zusätzlich zu einem neuen Pass und etwas Bargeld überreichte mir Rahim eine vergoldete Münze mit dem Emblem der US-Botschaft. Sie zeigte einen Adler mit einem Ölzweig in einer Kralle und einem Bündel Pfeilen in der anderen. Ich steckte die Münze in meine Tasche zu dem SEAL-Medaillon.

Auch die Bibel, die man mir in mein Zimmer auf dem Stützpunkt gelegt hatte, trug ich bei mir. Die meisten Militärs und Beamten, die ich in den letzten Tagen kennen- und schätzen gelernt hatte, hatten darin unterschrieben. Einer von ihnen war Jay, der Botschaftsmitarbeiter, der früher einmal ein SEAL gewesen war und eine bedeutende Rolle bei der Planung meiner Befreiung gespielt hatte. Er hatte seiner Unterschrift einen Vers aus dem Buch Jesaja beigefügt, der lautet:

Dann hörte ich den Herrn fragen: »Wen soll ich senden? Wer wird für uns gehen?« Und ich sagte: »Hier bin ich, sende mich.«[14]

Dieser Vers hatte ihn dazu bewegt, zur Armee zu gehen, um anderen zu dienen.

So viele von denen, die ich seit Sonntagmorgen kennengelernt hatte, legten eine erstaunliche Leidenschaft für ihre Arbeit an den Tag – dafür, Bürger wie mich zu schützen, ihrem Land ehrenvoll zu dienen, ihre Aufgaben gewissenhaft zu erledigen. Das machte mich stolz, Amerikaner zu sein.

Während wir auf den Flieger warteten, erhielt Rahim eine SMS, die ihn schmunzeln ließ. Ihr Absender war das Sekretariat des US-Botschafters in Afghanistan. Der Botschafter hatte vorgehabt, sich heute mit mir zu treffen, aber meine streng geheime Rückreise hatte die Pläne durchkreuzt. »Du kannst deinen Freunden von der NGO sagen, dass sie nicht traurig sein sollen, weil es mit eurem Treffen nicht geklappt hat. Nicht einmal der US-Botschafter bekommt die Gelegenheit, dich zu treffen.«

Bald darauf verabschiedete ich mich per Handschlag von Leutnant Hansen, Rahim und Jay. Ich würde ihnen niemals genug danken können für das, was sie getan hatten. Jerry und ich stiegen in das Dienstflugzeug der Armee. Nach einem halbtägigen Zwischenstopp in Dubai und einem dreizehnstündigen Flug in einer normalen Passagiermaschine landeten wir in Washington, D. C., auf amerikanischem Boden. Es war Mittwochmorgen in den USA.

Den ganzen Flug über hatte ich das Gefühl, beobachtet zu werden. Jedes Mal, wenn ich mich umdrehte, schien ein Mann in dunklem Anzug und Sonnenbrille, der in der Nähe saß, mich im Auge zu haben, wobei er stets so tat, als wäre nichts.

Ich fand heraus, dass das nicht nur Einbildung war. Jerry und ich wurden von einem FBI-Team empfangen, als wir die Fluggastbrücke entlanggelaufen waren und den Terminal des *Dulles International* betraten.

Unter den Agenten war Mary, die Frau, die äußerst hilfsbereit und zuvorkommend mit Cilicia und Deepa umgegangen war. Mary lag es daran, dass ich das Geschehene richtig einordnete. »Ihr Fall ist einzigartig. Nur wenige kommen aus Situationen wie dieser wieder heraus.«

Die Agenten erklärten mir, welche Hilfe das FBI mir nun in Amerika bereitstellen würde.

Ein paar Stunden später landete ich in Los Angeles und traf dort auf eine weitere Gruppe Agenten. Meine Schwester Deepa begrüßte mich mit einer langen, festen Umarmung und einem erleichterten Lächeln. Wir verbrachten den Abend und den nächsten Vormittag mit Deepa und ihrer Familie und machten uns am nächsten Tag auf nach Colorado Springs.

Nach der Landung unseres Flugzeuges führten mich FBI-Agenten zu einem Seitenausgang. Ich bemerkte plötzlich, dass Jerry nicht mehr bei mir war, und fragte, was passiert sei.

»Er checkt mit den anderen Passagieren aus«, sagte einer der Agenten. »Keine Sorge. Man kümmert sich gut um Jerry.«

Es tat mir leid, dass ich mich von meinem Freund nicht hatte verabschieden können. Aber mir blieb nicht viel Zeit zum Trübsalblasen.

Am Fuß der Rolltreppe erwartete Daniel mich. Er umarmte mich herzlich. »Dilip, ich bin so froh, dich zu sehen.«

»Ich bin froh, wieder da zu sein.«

Neue FBI-Agenten geleiteten mich zu einem Geländewagen und fuhren mich zu einem Einkehrzentrum in der Gegend von Colorado Springs. Hier würde ich die nächsten drei Nächte verbringen, abgeschirmt von den Medien und anderen Verpflichtungen, um nach all den Aufregungen wenigstens ein bisschen abschalten zu können.

Dann kam er. Der Moment, auf den ich seit meiner Entführung gehofft und gewartet und für den ich gebetet hatte. Es war schon dunkel, als ich an einem Blockhaus mit drei oder vier Wohneinheiten ankam. Ich stieg die Stufen zur Veranda hinauf und stemmte mich gegen die schwere Holztür, die in den Hausflur führte. Die Tür schwang auf, und da stand Cilicia, den kleinen Eshaan auf dem Arm, und wartete auf mich.

So wie bei unserem Telefongespräch spielten Worte keine Rolle. Ich brachte gerade noch »Schatz, wie geht es dir?« hervor. Dann versagte meine Stimme und wir lagen uns einfach in den Armen. Wenn man hautnah ein Wunder erlebt, muss man keine großen Worte machen. Man genießt es einfach mit Dankbarkeit.

Die Zeit im Einkehrzentrum war wundervoll. Ich konnte kaum glauben, wie sehr Eshaan gewachsen war, seit ich ihn fast einen Monat zuvor das letzte Mal gesehen hatte. Eine Woge der Freude überflutete mein Herz bei dem Gedanken, dass ich ihn zu guter Letzt doch besser kennenlernen und aufwachsen sehen würde.

Die anderen drei Kinder waren bei meiner Schwägerin. Am Samstag waren wir zum ersten Mal wieder als ganze Familie vereint und am Sonntag ging es nach Hause.

Jetzt, als ich wieder zurück in meiner gewohnten Umgebung war, schien es fast, als wäre nichts gewesen. Dass das nicht stimmte, wurde mir klar, als Asha fragte: »Papa, weißt du, wie berühmt du jetzt bist? Du bist dauernd im Fernsehen.« Und Tobi benutzte ständig die neueste Erweiterung seines Wortschatzes: gefangen.

Als es an unserem ersten Abend zu Hause für die Kinder Zeit wurde, zu Bett zu gehen, halfen wir ihnen in die Schlafanzüge und versammelten uns im Wohnzimmer für unser übliches Gutenachtgebet. Ich setzte mich aufs Sofa, Cilicia hielt Eshaan, und die drei älteren Kinder kämpften um die besten Plätze, um mit mir zu kuscheln.

Sie schienen ihren Papa vermisst zu haben. Auch ich hatte sie vermisst. Ich schloss die Augen. »Lieber Gott«, betete ich, »danke, dass du mich sicher wieder nach Hause gebracht hast und dass du die Ereignisse und die Menschen so gelenkt hast, dass ich gerettet werden konnte. Danke, dass ich zu meiner Familie zurückkehren durfte. Wir bitten dich, dass du uns nahe bist, heute Nacht, morgen und in den Tagen und Jahren, die vor uns liegen. Amen.«

Ich öffnete meine Augen. Cilicia und ich lächelten uns an. Ich hatte die größte Tortur meines Lebens überstanden, ohne Schaden an meinem Glauben und meiner Hoffnung zu nehmen. Gott hatte mich während der ganzen Zeit meiner Gefangenschaft begleitet und würde es auch in Zukunft tun. Er hatte mir mein Leben neu geschenkt.

Ich nahm mir vor, jeden Augenblick ganz bewusst zu leben.

EPILOG
SCHMERZ UND FREUDE

Mai 2014
Colorado Springs, Colorado

Als ich vor anderthalb Jahren aus Afghanistan zurückkehrte, hatte ich nicht vor, ein Buch über meine Erfahrungen zu schreiben. Wenn ich anderen jedoch von meiner Entführung und Befreiung erzählte, glichen sich die Reaktionen: »Das ist erstaunlich und wichtig. Die Leute müssen das hören. Das musst du aufschreiben.« Dieser fortwährende Zuspruch führte zu dem, was Sie gerade gelesen haben.

Für mich war es ein Segen – nicht nur meine Rettung, sondern auch die Art und Weise, wie ich mit den Folgen meiner Tortur umgehen konnte. In den ersten beiden Wochen zurück in Amerika hatte ich Probleme einzuschlafen, weil ich in Gedanken immer wieder die Ereignisse durchging und mir klar wurde, wie leicht es hätte anders ausgehen können. Ich hatte auch einige Albträume. Einmal wachte ich in dem Glauben auf, erschossen worden zu sein.

Seither habe ich das Trauma meiner Gefangenschaft jedoch weitgehend verarbeitet und leide nicht unter einer posttraumatischen Belastungsstörung. Das verdanke ich zu einem großen Teil der hervorragenden Hilfe und Seelsorge, die eingesetzt hatte, sobald ich den Militärstützpunkt in Afghanistan erreichte, und die nach meiner Heimkehr fortgeführt wurde. Dann war da noch mein starker Glaube, dass Gott mein Leben unter Kontrolle hatte und aus allen meinen Erfahrungen, sogar meiner Entführung, das Beste machen konnte. So konnte ich einigermaßen schnell wieder ins normale Leben zurückfinden.

Für meine beiden Freunde und Kollegen Rafiq und Farzad war das nicht so einfach gewesen. Anders als hier im Westen stellte ihre Kultur nicht das gleiche Maß an sozialer und professioneller Fürsorge bereit, das mir zuteilgeworden war. Und anders als ich konnten sie nicht einfach alles hinter sich lassen, als sie zu ihren Familien zurückkehrten. Für sie blieb ihr Zuhause ein gefährlicher Ort und die Angst vor Vergeltungsmaßnahmen der Taliban war sehr real. Tatsächlich verließen sie und ihre Familien Afghanistan 2013 für vier Monate. Das Risiko in ihrer Gegend war einfach zu hoch.

Doch jetzt sind sie wieder zurück. Gefährlich oder nicht – Afghanistan ist ihre Heimat. Rafiq hat mir mitgeteilt, dass es immer noch seine große Leidenschaft ist, seinem Volk zu helfen, ihnen neue Möglichkeiten in der Medizin und Bildung zu eröffnen und ein größeres Gemeinschaftsgefühl zu schaffen. Er wehrt sich dagegen, in Angst zu leben. Tag für Tag bewundere ich die Kraft und den Mut meiner beiden afghanischen Freunde und bete für ihre Sicherheit.

Auch für meine Frau und unsere Familienangehörigen war es keine leichte Zeit. Für mich war es heilsam, über das, was ich erlebt hatte, zu sprechen und zu schreiben. Doch jeder reagiert anders. Für Cilicia und meine Verwandten brachte es all den Stress und die Sorgen wieder mit sich, wenn sie Fragen zu diesen Tagen beantworten und alles noch einmal durchleben mussten. Es tut mir leid, dass sie das alles erdulden mussten.

Afghanistan ist immer noch ein heißes Pflaster für alle, die dort arbeiten. Die Taliban sind nach wie vor aktiv, und es sterben immer noch Unschuldige. Ein Verlust lastet besonders schwer auf mir. Ich werde niemals das Opfer des tapferen achtundzwanzigjährigen Mannes vergessen. Er hatte seinem Land ehrenvoll gedient und war dafür immer wieder ausgezeichnet worden. Aus Pennsylvania gebürtig, wollte er schon seit seiner Jugend als Navy SEAL dienen. Er war ein geborener Leiter, der das Leben liebte und allen in seinem Umfeld Freude bereitete. Der Befehlshaber auf dem Stützpunkt hatte gesagt: »Er war einer meiner Besten.« Es war deutlich, dass er es genau so meinte. Dank Nics Tapferkeit und der seiner Kameraden haben meine Kinder noch ihren Papa. Ich stehe in ihrer Schuld und werde sie niemals begleichen können.

Ich denke auch an meine Entführer, besonders an Wallakah.

Ja, ich trauere auch um sie, vielleicht anders als andere es tun würden. Für viele ist das schwer zu verstehen. Für mich ist jedes Leben auf diesem Planeten wertvoll. Ich bin Arzt. Meine Leidenschaft ist es, ganzheitliche Heilung - körperlich, emotional, geistig und seelisch - für jeden zu bringen. Natürlich weiß ich, dass Wallakah, Hoffnungslos, Ahmed und Mullah senior und junior zu der Gruppe gehörten, die mich entführt und bedroht hatten. In ihrem Leben haben sie schreckliche und wirklich böse Entscheidungen getroffen. Aber wer kann sagen, ob ich das nicht auch getan hätte, wenn ich so aufgewachsen wäre wie sie. Weil ich Wallakah und die anderen näher kennengelernt und ihre Menschlichkeit gesehen hatte, kann ich nicht anders, als traurig über ihren Tod zu sein. Es bestand für sie zumindest die Möglichkeit zu Veränderung und einem besseren Leben.

Gleichwohl empfinde ich nichts als Anerkennung und Bewunderung für die SEALs und ihr Handeln. Sie haben sich in eine gefährliche Situation begeben, um mich zu retten, und wurden von meinen Geiselnehmern unter Beschuss genommen. Sie mussten auch damit rechnen, dass einer oder mehrere der Taliban Sprengstoffgürtel oder verdeckte Waffen bei sich trugen oder weitere Taliban auftauchen könnten. Ich werde immer dankbar sein, dass diese tapferen Amerikaner ihr Leben für mich riskiert haben.

Nach so viel Gewalt und Tod stellt sich immer noch die Frage: Ist es das wirklich wert, dass ich und andere in Afghanistan unser Leben aufs Spiel setzen? Aus meiner Sicht ist die Antwort ein klares Ja.

Mancher würde von einem strategischen und sicherheitstechnischen Standpunkt aus argumentieren. Schon eine begrenzte Militärpräsenz im Land würde al-Qaida und andere Terrorgruppen davon abhalten, Dschihadisten auszubilden und unser Land anzugreifen. Das stimmt wahrscheinlich. Doch mich bewegt noch mehr.

Obwohl man davon nicht viel in den Medien hört, hat Afghanistan sich seit der Herrschaft der Taliban bedeutend weiterentwickelt. Von der Regierung genehmigte, öffentliche Hinrichtungen gehören der Vergangenheit an. Frauen erhalten, zugegebenermaßen nur zu geringem Anteil, Arbeitsstellen und sogar Posten in der Regierung.

Annähernd sieben der zwölf Millionen Wahlberechtigten in Afghanistan trotzten dem schlechten Wetter und den Gewaltandrohungen der Taliban und nahmen im April 2014 an den Präsidentschaftswahlen teil. Das ist ein höherer Prozentsatz, als wir ihn häufig in den USA zu sehen bekommen.

Die meisten Afghanen in den Städten, besonders die Jugendlichen, heißen Hilfe aus Amerika und anderen Staaten willkommen. Sie haben verstanden, wie die Chance auf Bildung und ein wirtschaftlicher Aufschwung ihr Leben zum Besseren wenden können.

Ich selbst bin Zeuge dieser Offenheit gegenüber Ausländern. Jedes Mal, wenn ich nach Afghanistan reise, sehen Menschen aus anderen Dörfern, was unsere NGO-Mitarbeiter mit den medizinischen Anlaufstellen und Bildungsprogrammen leisten, und sie bitten uns, in ihren eigenen Dörfern ebensolche Gemeinschaftszentren zu eröffnen.

Darauf müssen wir stets abschlägig antworten, weil unsere Ressourcen begrenzt sind. Ich erinnere mich besonders an einen jungen Mann, der sagte: »Ihr leistet hier eine großartige Arbeit. Bitte macht das auch in meinem Dorf. Wenn niemand diese Mühe auf sich nimmt, werden die meisten von uns bei den Taliban enden.«

Gemeindeentwicklung ist in einer Nation wie Afghanistan sicher eine Herausforderung. Ein tragfähiges Konzept muss das Ziel verfolgen, dass die Arbeit schlussendlich auf eigenen Beinen stehen kann. Aber es gibt so wenig Mittel vor Ort und oft so wenig Hoffnung unter den Menschen, dass bis dahin ein langer Atem notwendig ist.

Ja, es *gibt* Fortschritte. Die Fortschritte in der medizinischen Versorgung und Bildung werden von wachsenden Beziehungen unter den Bewohnern der Dörfer begleitet. Anführer verschiedener Stämme sowie Frauen aus unterschiedlichen Dörfern sprechen zum ersten Mal miteinander, was die Zusammenarbeit stärkt und die Verständigung verbessert.

Ich habe sehr wohl Hoffnung für die Zukunft Afghanistans. Meine Hoffnung gründet sich vor allem auf der Jugend des Landes. Ich denke an Ajmal, den Teenager, der nur ein paar Wochen vor meiner Entführung so beredt bei dem Diskussionswettbewerb in Kabul gesprochen hatte. Er strahlte Begeisterung, Leidenschaft und Führungsstärke aus. Diese Qualitäten würde ich später bei einem anderen jungen Mann ungefähr gleichen Alters wiederfinden: Wallakah. Sie hatten verschiedene Hintergründe, aber viele Gemeinsamkeiten.

Was nun mit den Taliban ist, fragen Sie vielleicht. Besteht noch Hoffnung, dass diese gewalttätigen Fundamentalisten eines Tages ihre Waffen niederlegen und gemeinsam mit der Bevölkerungsmehrheit an einer Zukunft in Frieden und Zusammenarbeit bauen?

Wieder antworte ich: Ja, unter gewissen Bedingungen. Es wird nicht funktionieren, ohne dass man langfristig in die Entwicklung der Gemeinden investiert. Es bedarf Menschen, die den Taliban vermitteln, dass ein anderes Leben möglich und vorteilhaft ist; dass sie leben und sich weiterentwickeln können, indem sie sich den anderen anschließen, anstatt sich abzusondern.

Man wird auch Dorfälteste brauchen, die den Mut aufbringen zu sagen: »Das geht so nicht. Wir werden so nicht weitermachen.« Die Taliban können ohne die Unterstützung der Dorfbewohner nicht überleben.

Dann geht es um Glaubensfragen. Die Taliban sind von Selbstgerechtigkeit getrieben. Sie glauben, dass Gott von ihnen fordert, dass sie töten, um so ihren Stamm und ihre Nation zu reinigen. Das schließt sowohl Ungläubige als auch ihre eigenen Landsleute mit ein, wenn sie sich den Ansichten der Taliban widersetzen. Die Taliban wollen sich selbst vom Rest der Welt absondern. Doch der Koran lehrt die Muslime auch, ihre Mitmenschen zu achten. Wenn doch die Taliban nur im Tiefsten begriffen, was sie in der Theorie glauben, aber so selten in die Praxis umsetzen – dass die Welt Gott gehört und dass er alle Menschen liebt.

Mir ist es wichtig geworden, in den verschiedenen Lebensphasen immer wieder einen geistlichen Blickwinkel einzunehmen. Mein Weg ist manchmal herausfordernd, aber sinnvoll. Mir geht es dabei weniger um Religiosität und das Einhalten von Regeln und Riten, sondern eher darum, andere mit den liebenden Augen Gottes zu sehen und für sie zu sorgen. Ich versuche, mich stets auf Gottes Gnade und Barmherzigkeit zu verlassen, seine Wege in meinem Leben zu verstehen und seine Liebe anderen sichtbar zu machen.

Ich bin nicht so naiv zu glauben, dass dramatische Veränderungen unter den Taliban leicht herbeizuführen sein werden. Überhaupt nicht. Es wird ein langer, schwerer Kampf mit vielen Rückschlägen sein. Aber ich glaube, dass es sowohl möglich als auch der Mühe wert ist. Die Taliban sind für ihre Engstirnigkeit bekannt, aber in meinen Gesprächen mit Wallakah, Haqqani und manchen der anderen lernte ich eine andere Seite kennen. Sie sahen ein, dass sie in einer Sackgasse gelandet waren, und suchten nach Alternativen. Tausende Menschen in Afghanistan – Stadt- und Dorfbewohner wie auch die Taliban – sehnen sich nach einem besseren Leben. Sie suchen nach Antworten. Es muss ihnen nur jemand den Weg zeigen.

Werde ich zu diesen Menschen gehören? Ich weiß es nicht. Mein Sohn Jaron war ungefähr vier Jahre alt, als er zu mir sagte: »Weißt du, Papa, ich weiß, warum du nach Afghanistan gehst. Die Leute brauchen wirklich deine Hilfe.« Sie brauchen meine Hilfe heute immer noch. Mein Wunsch, meine Arbeit unter den Menschen, die ich lieben gelernt habe, fortzusetzen, ist so stark wie eh und je.

Viele sind schnell dabei, messbare Entwicklungsprozesse anzuerkennen – mehr gesunde Babys, geringere Sterberaten von Müttern während der Geburt, weniger registrierte Krankheitsfälle. Aber vieles von dem, was wir leisten können, kann nicht statistisch erfasst werden. Als ich in Afghanistan gearbeitet und mich mit diesen Leuten auseinandergesetzt habe, erlebte ich so viel Hoffnung, Freude und Frieden. Allein schon, sich Zeit zum Reden und Zuhören zu nehmen, hat gewaltige Auswirkungen. Es wird nicht in Zahlen, sondern in lächelnden Gesichtern, Vertrauen und Beziehung gemessen. Wenn wir in die Schutzlosen und Entrechteten investieren, wird unser Leben erfüllter.

Ich sehne mich danach, diese Arbeit wieder aufzunehmen, und hatte eigentlich geplant, im März 2014 zum ersten Mal wieder nach Afghanistan zurückzukehren. Aber mein Pass ist auf mysteriöse Art und Weise verschwunden, nachdem ich ihn an die afghanische Botschaft in Washington, D. C., geschickt hatte. Seither hatte ich den Tod von Freunden zu beklagen, habe größeren Einblick erhalten, welchen emotionalen Tribut meine Familie für diese Reise gezollt hat, und habe wiederholt den Rat von neuen Freunden im Militär bekommen, mich erst einmal fernzuhalten. Während ich für den richtigen Zeitpunkt für meine Rückkehr bete, werde ich weiter nach kreativen Wegen suchen, einen Beitrag zur Veränderung zu leisten, auch aus der Ferne. Am Ende hängt nachhaltige Wirkung nicht von mir allein ab. Es waren die gemeinsamen Bemühungen vieler, die mir auf vorherigen Einsätzen erlaubt haben, positiv Einfluss zu nehmen. Mehr von diesem Teamgeist wird vonnöten sein – sowohl seitens des afghanischen Volkes als auch der Völkergemeinschaft, um das Land weiter voranzubringen.

Wenn ich über Afghanistan und meine eigene Zukunft nachdenke, wird mir bewusst, dass das Leben für mich wertvoller geworden ist als je zuvor. Daran werde ich jedes Mal erinnert, wenn ich meine Frau ansehe – während ich diese Zeilen schreibe, erwarten wir unser fünftes Kind. Die Freude, die meine Familie mir bereitet, wiegt all den Kummer und das Leid auf.

Wenn ich aus meiner Entführung und Rettung etwas gelernt habe, dann dass Gott mein Leben vollkommen in seiner Hand hält, unabhängig davon, was mir zustößt. Vorher wusste ich das auch schon, aber jetzt ist es unauslöschlich in meinen Geist eingebrannt. Ich begreife ein Stück mehr von seiner Liebe und dass ich ihm vertrauen kann.

Als ich sechs Jahre alt war, hatte ich ein Erlebnis, das mein Verständnis dieser Liebe vertieft hat. Ich saß im Schlafanzug in meinem Bett, als meine Mutter sich setzte und mir schonend beibrachte, dass wir uns den Löffel Zucker, den ich normalerweise jeden Abend in meine Milch bekam, nicht leisten konnten. »Aber ich werde beten, dass Gott dir diese Milch versüßt, Dilip«, sagte sie, »und dass das die beste Milch sein wird, die du je getrunken hast.«

Sogar in diesem Alter reagierte ich skeptisch auf die Worte meiner Mutter. Wie, dachte ich, sollte das funktionieren?

Doch als ich trank, schmeckte ich tatsächlich eines der besten und süßesten Gläser Milch, die ich je getrunken hatte. Ich war völlig überrascht und begeistert, dass Gott sich auch um die kleinsten Einzelheiten unseres Lebens kümmert. Ich verstand: Auch wenn du vielleicht nicht viel besitzt, hast du immer noch Gott.

Als ich von den Taliban entführt wurde, gehörte mein Leben nicht länger mir. Die kleinsten Entscheidungen, die für die meisten von uns selbstverständlich sind, lagen plötzlich nicht mehr in meiner Hand. Keine Wahlmöglichkeiten. Keine Freiheit. Keine Zukunft. Doch obwohl ich augenscheinlich alles verloren hatte, hatte ich immer noch Gott. Ich hatte immer noch seinen Geist, der mich leitete und tröstete. Nichts anderes habe ich nötiger – damals wie heute. Daran hat sich nichts geändert.

Etwas Kostbareres kann ich mir nicht vorstellen.

ANHANG

ANMERKUNGEN

[1] David Gordon, The Three Little Rigs (New York: Laura Geringer Books, 2005).

[2] »Population (Total)«, The World Bank, 2014, 21. November 2014. <http://data.worldbank.org/indicator/SP.POP.TOTL>. 2008, als Joseph sich mit dem Gedanken trug, sich in Afghanistan zu engagieren, lag die Bevölkerungszahl noch bei 27 Millionen [Anmerkung des Verlags].

[3] »Afghanistan Population 2014«, World Population Statistics, 5. Oktober 2014, 21. November 2014. <http://www.worldpopulationstatistics.com/afghanistan-population>.

[4] Beziehungen zwischen Afghanistan und Deutschland, Auswärtiges Amt, September 2014, 21. November 2014. <http://www.auswaertiges-amt.de/DE/Aussenpolitik/Laender/Laenderinfos/Afghanistan/Bilateral_node.html>.

[5] »Afghan life expectancy has risen by 17 years since 2001«, Progressive Economy, 13. Februar 2014, 21. November 2014. <http://progressive-economy.org/2014/02/13/afghan-life-expectancy-has-risen-by-17-years-since-2001>.

[6] »Mortality rate, under-5 (per 1,000 live births)«, The World Bank, 21. November 2014. <http://data.worldbank.org/indicator/SH.DYN.MORT>. Im Vergleich zu 2001 ist die genannte Kindersterblichkeitsrate von 133 pro 1000 auf 97 pro 1000 im Jahr 2013 gesunken [Anmerkung des Verlags].

[7] »Afghanistan's poppy farmers plant record opium crop, UN report says«, The Guardian, 13. November 2013, 21. November 2014. <http://www.theguardian.com/world/2013/nov/13/afghanistan-record-opium-crop-poppies-un>.

[8] »Afghanistan's ethnic diversity«, CNN.com/asia, 19. August 2009, 21. November 2014. <http://edition.cnn.com/2009/WORLD/asiapcf/08/17/afghanistan.ethnic.groups/index.html>.

[9] Daniel 3,17f.

[10] »The World Factbook«, Central Intelligence Agency, 24. Juni 2014, 21. November 2014. <https://www.cia.gov/library/publications/the-world-factbook/geos/af.html>.

[11] Steve Coll, »Looking for Mullah Omar«, The New Yorker, 23. Januar 2012, 21. November 2014. <http://www.newyorker.com/reporting/2012/01/23/120123fa_fact_coll>.

[12] Ahmed Rashid, *Taliban. Afghanistans Gotteskrieger und der Dschihad* (München: Droemer, 2002), S. 161.

[13] Matthäus 10,28 31.

[14] Jesaja 6,8.

DANKSAGUNGEN

Das Leben ist oft das wunderschöne Resultat, das entsteht, wenn sich Menschen, Orte und Situationen zusammenfügen und dem großen Ganzen Sinn und Bedeutung verleihen. Ich bin vielen zum Dank verpflichtet, die mich zu der Persönlichkeit gemacht haben, die ich heute bin.

Meinem Vater und meiner Mutter - eine bessere Kindheit hätte ich mir nicht vorstellen können. Eure Opferbereitschaft und euer Dienst für Gott, die Familie und andere Menschen lehrte mich das Streben nach einem ausgewogenen Leben. Ich werde Gott ewig dankbar sein, dass er euch als meine Eltern auswählte.

Meiner Schwester Deepa und ihrer Familie - du bedeutest mir unbeschreiblich viel. Seit dem Tod unserer Mutter hast du mir und meiner Verwandtschaft an unzähligen Stellen unter die Arme gegriffen. Du bist der Fels, auf dem viele von uns stehen, ich eingeschlossen. Und Steve und meine zwei wundervollen Nichten sind die Zierde deiner Familie.

Meiner Großfamilie - ich bin so dankbar, dass ihr euch immer um mich gekümmert habt.

Meinen Onkel und Tanten von beiden Seiten der Familie - eure Liebe und Fürsorge in vielen meiner Lebensabschnitte sind nach wie vor ein wichtiger Ansporn für mich. Ein besonderer Dank geht an meine beiden Onkel Roy und Thomas. Ihr und eure Unterstützung und Hingabe bedeutet mir sehr viel.

Meinen Arbeitskollegen Daniel, Lars, John, Paul, Lori, Joan, Adrienne, Roy, Grace, Akram, Al, Ken, Debbie und ihr alle in Afghanistan - ohne euren Einsatz und eure unermüdlichen Bemühungen wäre ich heute nicht hier. Es ist wunderbar, dass unsere Wege sich gekreuzt haben. Danke, dass ihr nahezu täglich unschätzbar Wertvolles geleistet habt.

Meinen zwei Kollegen Rafiq und Farzad, die mit mir in Gefangenschaft waren – ich stehe tief in eurer Schuld. Euer Mut und euer ruhiges Verhalten während der gesamten Zeit unserer Gefangenschaft ermöglichten es mir, in einer der schwierigsten Zeiten meines Lebens Ruhe zu bewahren. Ich weiß nicht, was ich ohne euch beide gemacht hätte.

Matthew, David und Sam – ihr verdient hier eine besondere Erwähnung. Nach meiner Rückkehr waren lange Gespräche über meine Erlebnisse bei den Taliban das Letzte, was ich wollte. Ich hatte den vernünftigen Rat erhalten, nicht zu erwarten, dass die Leute meine Erfahrungen würden nachvollziehen können. Aber die Gespräche mit euch dreien haben mir deutlich gemacht, dass diese Geschichte erzählt werden muss. Weil ihr mir so verständnisvoll zugehört habt, fiel es mir leicht, mich zu öffnen. Es half auch ungemein, dass ihr schon dieselbe Straße bereist habt, auf der ich gefangen genommen wurde.

Duane und Sam – ich *liebe* unsere monatlichen Treffen. Ich liebe es, dass ich mit euch über alles sprechen kann. Durch euch wird das Wort *Freundschaft* neu definiert.

Vidu – du bist der Bruder, den ich nie hatte. Du hast seit der Schulzeit eine bedeutende Rolle in meinem Leben gespielt. Danke, dass du immer noch an mich glaubst und mich auf vielfältige Art unterstützt. Ich hoffe nach wie vor, dass wir irgendwann nicht mehr so weit voneinander entfernt leben müssen.

Jim – ich erinnere mich noch an unsere erste Begegnung. Ich staunte, wie du, obwohl wir uns nicht kannten, mich wie ein »aufgeschlagenes Buch« lesen konntest. Innerhalb weniger Monate wurdest du nicht nur ein enger Freund, sondern auch »Onkel Jim« für meine Kinder. Oft schien es, als ob eine ablaufende Frist kaum einzuhalten wäre. Jedes Mal hast du uns mit deiner unglaublichen Gabe, meine Gedanken in Worte zu fassen, und mit deiner geduldigen Art zum Ziel gebracht. Ich habe ein Buch geschrieben, auf das ich vor allem dank dir, mein Freund, sehr stolz sein kann.

Joel – da du beschlossen hast, das Kapitel »Literaturagent« zuzuschlagen, wünsche ich dir, dass dieses Buch zu deinem Vermächtnis gehören wird. Ich kann mit Fug und Recht behaupten, dass ich dieses Projekt ohne deine unbekümmerte Art nicht angegangen wäre. Auch deine Idee, Jim mit ins Boot zu holen, zeugt von deiner Genialität. Ich wünsche dir viel Erfolg beim nächsten Kapitel deiner Lebensreise.

Debbie – ich kann es gar nicht glauben, dass wir noch nie die Gelegenheit hatten, uns zu begegnen, denn es fühlt sich an, als würden wir uns seit Jahren kennen. Dein Glaube, deine Begeisterungsfähigkeit und dein behutsames Nachbohren haben dieses Projekt im Rekordtempo vorangebracht. Ich kann es kaum erwarten, dich zu treffen und mit dir zu feiern! Und ja, ich habe auch deine zwanzig E-Mails pro Tag in den letzten paar Monaten genossen. Wir hätten das ohne deine Beaufsichtigung nicht geschafft – gut gemacht! Meine aufrichtige Dankbarkeit gebührt dir und dem gesamten Team bei Thomas Nelson für all eure unermüdlichen Bemühungen.

Nic – es gibt einen weiteren Eintrag auf der Liste der Dinge, die ich auf dieser Seite des Lebens nicht verstehen werde. Um mich zu retten, hast du den höchsten Preis gezahlt. Dein Andenken wird in mir und meiner Familie weiterleben. Mein Gebet ist, dass viele, die diese Geschichte lesen werden, durch dein Vorbild ermutigt werden, sich selbst opferbereit für ihre Familien, Gemeinden und Nationen einzusetzen.

Meinen neuen Freunden beim FBI, dem Militär und anderen Regierungszweigen – vor diesem Ereignis wusste ich nicht einmal, dass das FBI über eine Abteilung verfügt, die sich nur der Anliegen jedes US-Bürgers annimmt.

Ihr alle habt euch so rührend um mich und meine Familie gekümmert. Ich habe es eurer Fürsorge zu verdanken, dass ich so unbeschadet durch diese Geschichte gekommen bin.

Den Menschen in Afghanistan – die Welt weiß sehr wenig über euch, und das wenige entspricht nicht dem, wer ihr wirklich seid. Meine Erfahrung hat mir so viel mehr offenbart. Eure Entschlossenheit, euer Stolz, eure Belastbarkeit und euer Kameradschaftsgeist sind von einer Schönheit, die die Welt unbedingt kennenlernen müsste. Mein Wunsch und Gebet sind, dass ihr euch gegen das Schlechte erhebt und für die Wahrheit aufsteht, die Leben bringt. Der Rest der Welt kann viel von euch lernen.

Cilicia, Asha, Jaron, Tobi, Eshaan und das Baby – ihr beschert mir jeden Tag *Leben*. Kein Tag gleicht dem anderen und ich liebe es. Ihr alle liebt mich als derjenige, der ich bin, und helft mir, derjenige zu werden, der ich sein möchte. Ich könnte mir nichts Besseres wünschen. Ich weiß zu schätzen, dass ihr mir Freiräume ermöglicht, sodass ich andere ausrüsten kann, deren Not größer ist.

Auch Ihnen, werte Leser – ich bin dankbar für Ihre Entscheidung, dieses Buch zu lesen. Ich hoffe, dass Sie Afghanistan nun in einem anderen und umfassenderen Licht sehen. Vielleicht werden Sie sogar die Herausforderung annehmen, dieses Land und seine Menschen persönlich zu erleben. Sollten Sie sich dazu entscheiden, wird Sie diese Erfahrung für immer verändern – im besten Sinne.

Dilip Joseph

Dilip Joseph ist ein bemerkenswerter Mann. Seine lockere Art, seine positive Einstellung und sein unerschütterlicher Glaube, die ihm während seiner Entführung so eine große Hilfe waren, haben ihn auch befähigt, monatelang endlose Fragen über sich ergehen zu lassen. Danke, Dilip, für deine Geduld und Freundschaft, für dein Herz für alle Menschen, gleich welcher Rasse und Nationalität, als auch für den Einblick, den du mir in dein Leben und deinen erstaunlichen Dienst gewährt hast. Du hast mir mehr beigebracht, als du denkst.

Cilicia, Asha, Jaron, Tobi und Eshaan - danke, dass ihr mich in eurem Zuhause willkommen geheißen und mir das Gefühl gegeben habt, Teil der Familie zu sein. Ich kann es kaum erwarten, wiederzukommen und euch neue Gutenachtgeschichten vorzulesen.

Daniel, Lars und das Team bei *Morning Star* - ihr wart so hilfsbereit während meines Aufenthalts dort. Ich bewundere euch alle dafür, wie ihr den Frieden und die Hoffnung in die Welt bringt, die so dringend gebraucht werden.

Ich danke jedem, der meine Recherchereise nach Afghanistan zu solch einem atemberaubenden Erlebnis werden ließ. Lars, danke, dass du mein Last-Minute-Touristenführer nach Kabul geworden bist - und dass du mir deine Klamotten geliehen hast, als mein Gepäck nicht aufgetaucht ist. An Mahmoud und seine Familie in Dubai - ich habe eure Gastfreundschaft sehr genossen. Viele andere haben auf unterschiedliche Weise dazu beigetragen, darunter Al, Aref, Bruce, Debbie, Faith, Gabriella, Jerry, John, Ken, Mary Beth, Ron, Sheila, Sofia, Stephanie, Theresa und die einheimischen Teammitglieder. Euch gelten meine besten Wünsche und mein herzlichster Dank.

Großer Dank gebührt Farzad und insbesondere Rafiq, die sich Zeit für mich nahmen, um sich mit mir zu treffen und von einigen der schwersten Erinnerungen zu berichten, die man sich vorstellen kann. Mein neuer Bruder, ich bewundere deinen Mut und deine Hingabe an das afghanische Volk.

Joel Kneedler – ich habe jede Minute unserer Zusammenarbeit genossen und ich wünsche Ihnen und Ihrer Familie alles Beste für die kommenden Jahre. Ich muss Sie irgendwie dafür gewinnen, wieder nach Zentraloregon zu kommen.

Debbie Wickwire und das Team bei Thomas Nelson – euer Enthusiasmus und Einsatz sind eine wahre Freude. Gerne würde ich wieder mit euch zusammenarbeiten.

Außerdem danke ich allen, die zu diesem Projekt beigetragen haben, darunter Gary und Julie Williams, Angela Lund, Bob Green, David Lund, Paulmer Soderberg und Debi Cummings.

Zu guter Letzt gebührt mein größter Dank der ununterbrochenen Unterstützung meiner Familie: Angela, Erik, Sonja, Peter, Dad und Dave.

James Lund

WORTERKLÄRUNGEN

Burka	ein langes, weites Kleidungsstück, das den ganzen Körper von Kopf bis Fuß bedeckt und von vielen muslimischen Frauen in Afghanistan in der Öffentlichkeit getragen wird.
Chadri	Schleier.
Dari	eine der Amtssprachen in Afghanistan.
Dschirga	Ältestenrat eines Stammes.
Ferengi	Paschtu für »Ausländer«.
Hazara	Persisch sprechende Schiiten, die in Afghanistan leben und vor allem im zentralen Teil des Landes zahlreich vertreten sind.
ISAF	*International Security Assistance Force* (internationale Sicherheitsunterstützungstruppe). Von der NATO finanzierte Militärpräsenz in Afghanistan, die aus Truppen aus den USA und anderen Nationen zusammengesetzt ist.
Kuchi	(Aussprache »Kudschi«); afghanische Nomaden, die ihren Lebensunterhalt mit der Haltung und dem Verkauf von Schafen, Ziegen, Eseln und Kamelen verdienen.

Madrassa	(Mehrzahl: Madrassen); Arabisch für »Schule«; hier: islamische Religionsschule.
Mudschaheddin	(Einzahl: Mudschahed); Arabisch für »Die in den Dschihad ziehen«, Selbstbezeichnung muslimischer Freiheitskämpfer.
Mullah	islamischer Gelehrter, der für einen begrenzten Bezirk zuständig ist.
Nan	ohne Hefe gebackenes Fladenbrot, das in West-, Zentral- und Südasien verbreitet ist.
Namaz	rituelles islamisches Gebet.
NGO	*non-governmental organization* (Nichtregierungsorganisation).
Pakol	flache runde Kopfbedeckung für Männer, meist aus Wolle, die am Hindukusch getragen wird.
Pani	Hindi und Urdu für »Wasser«.
Paschtu	Sprache der Paschtunen, eine der Amtssprachen in Afghanistan.
Paschtunen	die größte Bevölkerungsgruppe in Afghanistan.
Paschtunwali	Ehrenkodex, der das Leben in den paschtunischen Stämmen bestimmt.

Salwar Kamiz	traditionelles, afghanisches Kleidungsstück, das aus einem langen, weiten Hemd und einer dazu passenden Hose besteht.
Surma	ein Erz, das von manchen zu schwarzem Puder zermahlen und um die Augen herum aufgetragen wird.
Taliban	(Einzahl: Talib); Arabisch/Persisch für »Suchende«, »Studenten«; fundamentalistische islamische Bewegung.
Takke	kleine, runde Kappe.
Taschakkor!	Dari für »Danke«!
Urdu	Amtssprache in Pakistan.
Zakat	Nach islamischer Überlieferung die Praxis, anderen in Not das zu geben, was Allah schon für sie vorgesehen hat.

LITERATUREMPFEHLUNGEN

Der letzte Zugriff auf die folgenden Internetquellen erfolgte am 21. November 2014.

Afghanistan
www.afghan-web.com – *ein Überblick über Afghanistan, seine Bevölkerung und Kultur.*

Die Taliban
Ahmed Rashid, Taliban. Afghanistans Gotteskrieger und der Dschihad. München: Droemer, 2002 – *ein Bericht über den Ursprung und den Aufstieg der Taliban und ihren regionalen und weltweiten Einfluss.*

Navy SEALs
Marcus Luttrell / Patrick Robinson, Lone Survivor. SEAL-Team 10. Einsatz in Afghanistan. Der authentische Bericht des einzigen Überlebenden von Operation Red Wings. München: Heyne, 2014 – *ein Bericht über einen Einsatz der Navy SEALs im Jahr 2005 und den Angriff der Taliban.*

Mark Owen / Kevin Maurer, Mission erfüllt. Navy Seals im Einsatz. Wie wir Osama bin Laden aufspürten und zur Strecke brachten. München: Heyne, 2012 – *ein Bericht über die Jagd auf Osama bin Laden in der Garnisonsstadt Abbottabad im Jahr 2011.*

Eric Blehm, Furchtlos. Die bewegende Geschichte des Navy SEAL Team Six Chief Adam Brown. München: riva, 2014 – *die Biografie des Navy SEALs Adam Browns, der während eines Einsatzes in Afghanistan sein Leben ließ.*

www.udtseal.org – *Internetseite einer gemeinnützigen Organisation, die denjenigen Unterstützung anbietet, die in einem Sondereinsatzkommando der Marine mitgekämpft haben oder mitkämpfen.*

www.woundedwarriorproject.org – *Internetseite einer gemeinnützigen Organisation, die verletzten Soldaten Unterstützung anbietet.*

Dorfentwicklung

www.chalmers.org – *Internetseite einer gemeinnützigen Organisation, deren Anliegen es ist, Kirchen Hilfestellungen zu geben, wie sie sich nachhaltig für Armutsbekämpfung engagieren können.*

Maryam Rostampour, Marziyeh Amirizadeh

Verurteilt im Iran
Der hohe Preis des Glaubens

Gebunden, 14 x 21,5 cm, 388 Seiten
Nr. 395.462, ISBN 978-3-7751-5462-8

»Ihr seid wie Engel«. Maryam und Marziyeh landen im berüchtigtsten Gefängnis des Iran, weil sie ihren christlichen Glauben nicht verschweigen. Doch obwohl Tod oder Folter drohen, bleiben sie standhaft. Sie erleben Unglaubliches, bis sie unerwartet freigesprochen werden.

Mosab Hassan Yousef, Ron Brackin

Sohn der Hamas
Mein Leben als Terrorist

Gebunden, 13,5 x 20,5 cm, 304 Seiten
Nr. 395.223, ISBN 978-3-7751-5223-5

Sein Vater ist einer der Gründer der islamistischen Organisation Hamas. Er selbst wird zum Spion für Israel und wendet sich dem Christentum zu. Mosab Hassan Yousef weiß Dinge über den Nahostkonflikt, die nur einer Handvoll Menschen bekannt sind ...

Christine Schirrmacher

Islam und Demokratie
Ein Gegensatz?

Taschenbuch, 12 x 19 cm, 112 Seiten
Nr. 395.451, ISBN 978-3-7751-5451-2

Im Nahen Osten fehlen demokratische Strukturen weitgehend. Ist dafür der Islam verantwortlich oder sind es gesellschaftspolitische Entwicklungen? Wie sieht die innerislamische Diskussion aus? Ein hochaktuelles Buch, das differenziert wichtige Hintergründe aufzeigt.

Christine Schirrmacher

Islamismus
Wenn Religion zur Politik wird

Taschenbuch, 12 x 19 cm, 96 Seiten
Nr. 395.259, ISBN 978-3-7751-5259-4

Der Islamismus schreitet in Europa voran. Dabei geht es nicht um eine gewaltbereite Form des Islam, aber um einen Islam, der Politik im Namen der Religion macht. Differenziert schreibt Prof. Dr. Christine Schirrmacher von Wurzeln, Ursachen und möglichen Lösungswegen.

Bitte fragen Sie in Ihrer Buchhandlung nach diesen Büchern!
Oder schreiben Sie an: SCM-Verlag, D-71087 Holzgerlingen;
E-Mail: info@scm-verlag.de; Internet: www.scmedien.de